Meine vier JAHRESZEITEN

*Neue Rezepte und Menüs
der Spitzenköchin für jede Saison*

Meine vier JAHRESZEITEN

Neue Rezepte und Menüs der Spitzenköchin für jede Saison

Brigitte Buch

Diana Verlag

INHALT

FRÜHLING

»Endlich, es gibt junges Gemüse in Hülle und Fülle!«

Lea kocht mit weißem und grünem Spargel, mit Bärlauch und Brunnenkresse, mit dicken Bohnen und Spinat. Rotbarben, Wolfsbarsch und Steinbutt, Kaninchen, Pute und Lamm spielen mit. Und beim Süßen dürfen Rhabarber und Waldmeister, Erdbeeren und Basilikum nicht fehlen.

Die schönsten Rezepte für den Frühling und ein Menüvorschlag mit Arbeitsplan *Seite 8–45*

SOMMER

»Ich liebe die große Auswahl an Früchten vor der Haustür«

Lea Linster freut sich jetzt über frische Himbeeren und saftige Melonen, pralle Erbsen und aromatische Tomaten, knackige Salate und kleine Artischocken. Hähnchenbrust und Glattbutt, Schweinebraten und Calamari sind die feine Begleitung. Und viele Kräuter! Dazu himmlisch leichte Desserts.

Die schönsten Rezepte für den Sommer und ein Menüvorschlag mit Arbeitsplan *Seite 46–83*

HERBST

»Freuen wir uns auf die bunten Farben und die Erntezeit!«

Kürbis, Kartoffeln, Äpfel, Quitten, Maronen und Pilze – alles ist nun auf dem Markt. Lea kombiniert raffiniert mit Entrecôte, Perlhuhn und Kalbsleber, mit Zanderfilet, Kabeljau, Räucherfisch und Tagliatelle. Kleine Windbeutel, eine Feigentarte und Marshmallows mit Cassis vollenden den Traum.

Die schönsten Rezepte für den Herbst und ein Menüvorschlag mit Arbeitsplan *Seite 84–119*

WINTER

»Jetzt kann die festliche Jahreszeit kommen – und liebe Gäste«

Gebratene Entenleber auf Chicoréesalat, Radicchio-Confit, rotes Linsensüppchen, Seezungenfilets im Spinatbett, Hirschrücken mit karamellisierten Quitten, Süßkartoffeln mit Cranberries, Jakobsmuscheln an roter Bete:
Bei Lea ist der Winter knallbunt und macht gute Laune. Der süße Abschluss auch.

Die schönsten Rezepte für den Winter und ein Menüvorschlag mit Arbeitsplan *Seite 120–157*

Rezept-Register *Seite 158–159*
Impressum *Seite 160*

»Qualität macht dich glücklich!«

Heute wollen alle wissen, woher das Essen kommt. Eine Entwicklung, über die ich sehr froh bin, weil ich es schon immer geliebt habe, Produkte zu verarbeiten, die direkt vor der Haustür wachsen, die ganz frisch und natürlich sind. »Slow Food« im guten Sinne also. Und ich habe lange gesucht, um die besten Erzeuger zu finden – und tue es noch heute.

Vor einiger Zeit war ich mit meinem Sohn Louis in einem kleinen Lokal in Frankreich essen, hinter der luxemburgischen Grenze, nur ein paar Kilometer von Frisange entfernt. Und siehe da, zum Dessert gab es wundervoll aromatische Erdbeeren. Ich habe die Madame gleich gefragt, woher sie die bezieht, und sie nannte mir eine Ferme, einen Bauernhof, nicht weit entfernt. Wir sind sofort zu dem versteckt liegenden Hof gefahren, die Erntehelfer saßen vor der Tür an einer langen Tafel beim späten Abendessen. Voilà, ich habe schnell sieben Kisten der herrlich gereiften Früchte gekauft, in meinen Kofferraum geladen und noch am selben Abend mit Zucker zu Erdbeerjus verarbeitet – die beste Grundlage für Sorbets, die ja zu jeder Jahreszeit schmecken. Wieder einmal eine gute Adresse also. Genau wie eine andere Ferme im Nachbarort, wo sie ganz ausgezeichneten Ziegenkäse machen. Und dann ist da noch Josy Gloden! Von ihm hole ich schon seit Jahren die Äpfel, wenn wir sie im Restaurant brauchen. Er baut sie mit so viel Liebe an und erntet wirklich die besten von ganz Luxemburg. Ich weiß genau, woher meine Hühner kommen und mein Lammfleisch, mein Lachs und die Jakobsmuscheln. Ehrlich gesagt, am liebsten hätte ich einen großen Gemüse- und Kräutergarten direkt am Haus, aber das bleibt wohl ein Traum.

Ich kann Ihnen nur ans Herz legen, auf Qualität zu achten. Sie wissen ja, meine Rezepte, meine Art zu kochen, alles dient dazu, den Eigengeschmack der Produkte hervorzuheben und zu veredeln, nicht, ihn zu überdecken. Meine Aussage, dass eine Karotte wie eine Karotte schmecken muss, gilt nach wie vor. Und genauso habe ich immer gesagt und geschrieben: Die beste Küche ist die einfache, aber mit allerbesten Zutaten. Dazu stehe ich. Es muss niemand Angst haben, sich solch ein Essen nicht leisten zu können. Natürlich ist ein Bio-Huhn teurer als eines aus der Legebatterie, aber sein Geschmack ist unvergleichlich!

Müssen wir wirklich jeden Tag Fleisch und Wurst essen? Ich meine, nein. In diesem Buch finden Sie deshalb besonders viele vegetarische Rezepte, die alle mit einen * gekennzeichnet sind. Wer mag, kann auch mal ein Stückchen Schinken oder etwas Lachs dazuessen, das haben wir dann in die Varianten geschrieben. Aber probieren Sie es ruhig einmal solo, junges Gemüse und frischer Salat brauchen gar nicht viel Drumherum. Aber auch hier kommt es auf die Qualität an! Am besten ist es natürlich, man kennt den Gemüsebauern, von dem man seine Ware kauft, auf dem Markt zum Beispiel. Doch selbst in größeren Läden gibt es heute schon sehr gute Ware, Sie müssen nur genau hinschauen. Und es stimmt auch nicht, dass man sich Lebensmittel von bester Qualität nicht leisten kann. Man kann sich alles leisten, wenn man will. All der Kram, all dieses Junk-Food, das Menschen oft so nebenher essen aus Nervosität und in Eile, häufig in der U-Bahn oder im Bus oder im Gehen auf der Straße, das muss ja bezahlt werden. Genauso wie der große Latte macchiato und die vielen Fertigprodukte. Warum Püree aus der Packung nehmen, wenn man mit ein paar schönen Kartoffeln, etwas heißer Milch, einer Schnitte Butter und Meersalz ganz schnell das wundervollste Kartoffelpüree der Welt zubereiten kann? Achten Sie bitte bei Eiern, beim Essig und Öl ebenfalls auf Qualität. Das beste Fleisch, das schönste junge Gemüse, der edelste Fisch – alles kann durch den fiesen Geschmack eines schlechten Olivenöls kaputt gehen. Meine Freundin Burgunde Uhlig, die lange Jahre das Kochressort von »Brigitte« geleitet hat und

»*Jede Jahreszeit hat ihre besonderen Genüsse – man muss nur wissen, wie man sie entdecken kann*«

auch in diesem Buch wieder alle Rezepte mit mir gekocht und geprüft hat, erzählt mir von Praktikantinnen. Die finden eine selbst gekochte Brühe langweilig im Geschmack, weil sie nur überwürzte Fertigsuppen kennen. Wie traurig.

Lassen wir uns unser Schmecken nicht nehmen! Wenn wir wieder mehr den guten Produkten aus unserer Region vertrauen, hat das einen unendlichen Vorteil: Wir spüren die Jahreszeiten besser. Es ist herrlich, dass nahezu alle Lebensmittel immer verfügbar sind. Aber warum freuen wir uns so auf den ersten Spargel? Auf heimische Himbeeren? Auf Bärlauch und auf dicke Bohnen? Genau, weil wir sie eben nicht immer essen können. Ich lade Sie ein, mich hier durch meine vier Jahreszeiten zu begleiten, mit vielen neuen Rezepten, die einfach sind, raffiniert und die Sie auf jeden Fall gut nachkochen können. Bon appétit und genießen Sie's!

FRÜHLING

*»Aufatmen! Die Natur erwacht, es wird wieder wärmer.
Wir sehen endlich Grün – und wir schmecken es auch! Junges Gemüse
gibt es in Hülle und Fülle, wir können in Erbsen schwelgen
und Spinat, in dicken Bohnen und zarten Möhrchen. Und meine beiden
Lieblinge sind da: neue Kartoffeln und Spargel!«*

VORSPEISEN

Burrata auf weißem Spargel *Seite 12*

Bärlauch-Spinat-Timbale *Seite 12*

VORSPEISEN

»Schmeckt mit weißem und grünem Spargel köstlich!«

Burrata auf Spargel

✷ Für dieses Rezept nehme ich gern weißen Spargel, schäle ihn erst einmal und schneide die holzigen Enden ab.

• In der Pfanne zerlasse ich die Butter und dünste die Spargelstangen darin an. Ich gebe den frisch gepressten Orangensaft dazu, koche alles einmal auf und lasse den Spargel im geschlossenen Topf auf dem ausgeschalteten Herd ziehen. Der Spargel ist jetzt perfekt gegart.

• Die Burrata lasse ich abtropfen und setze sie dann auf den lauwarmen oder ganz abgekühlten Spargel.

• Den Orangensud vom Garen reduziere ich bei großer Hitze, bis es nur noch etwa vier Esslöffel sind. Ich verrühre ihn mit etwas Dijon-Senf und Olivenöl. Etwas Meersalz dazu und fertig.

• Das Grüne der Frühlingszwiebeln schneide ich in feine Ringe und bestreue meine einfache und feine Vorspeise damit. Wenn Sie mögen, träufeln Sie gern noch ein paar Tropfen Balsamico über alles, er muss aber sehr mild und von ausgezeichneter Qualität sein.

FÜR 2 PERSONEN • Foto Seite 10

500 g Spargel • 20 g Butter • 2–3 Orangen (100 ml Saft) • 1 Burrata • 1 Messerspitze Dijon-Senf • 2 EL Olivenöl • Meersalz • 2 Frühlingszwiebeln • evtl. etwas Balsamico

TIPP: Statt mit Senf kann der Sud auch mit einem Hauch Vanille abgeschmeckt werden.

VARIANTEN: Natürlich schmecken Mozzarella oder Burrata klassisch mit Tomaten und Basilikum ausgezeichnet. Aber die weiße Köstlichkeit verträgt sich auch mit vielen anderen Gemüsesorten: Spinat, gegrillten Paprikaschoten, Zuckerschoten – und probieren Sie auch mal statt Basilikum fein gehackte glatte Petersilie.

 Sie essen lieber vegetarisch? Mit diesem grünen Sternchen haben wir alle vegetarischen Rezepte im Buch gekennzeichnet. So finden Sie sie schnell auf einen Blick. Bon appétit!

»Ein leichter vegetarischer Genuss, ideal als Vorspeise«

Bärlauch-Spinat-Timbale

✷ Ich brauche hier frischen zarten Blattspinat, so wie wir ihn im Frühling lieben. Ich blanchiere ihn, koche ihn also nur etwa eine Minute in sprudelndem Salzwasser, und schrecke ihn dann sofort mit Eiswasser ab, damit er seine schöne grüne Farbe behält. Voilà. Den Spinat drücke ich dann ganz fest aus und schneide ihn klein.

• Die Sahne verquirle ich mit dem Ei und den Eigelb und vermische alles mit dem klein geschnittenen Spinat.

• Ich wasche den Bärlauch, schneide die Blätter in Streifen und püriere sie mit Salz, einem Hauch geriebener Muskatnuss und der Milch. Das geht natürlich am besten mit dem Pürierstab.

• Vier Gläser buttere ich etwas aus. Ich verrühre dann die Bärlauchmilch mit der Spinat-Ei-Masse und fülle die Flüssigkeit in die Gläser.

• Den Backofen heize ich auf 160 Grad vor. Ich stelle die Gläser in die Fettpfanne des Ofens, gieße kochendes Wasser an und gare die Timbale. Nach 30 bis 40 Minuten ist der Genuss perfekt.

FÜR 4 GLÄSER • Foto Seite 11

500 g Blattspinat • Salz • 250 g Sahne • 1 Ei • 2 Eigelb • 1 Bund Bärlauch • Meersalz • etwas Muskat • ¼ l Milch • etwas Butter

GUT ZU WISSEN: BACKOFEN-TEMPERATUREN
Alle Backofen-Temperaturen sind für Ober- und Unterhitze angegeben. Wenn Sie gern mit Umluft oder Heißluft backen, ziehen Sie 20 Grad im Temperaturbereich bis 200 Grad und 25 Grad ab 200 Grad ab.

Die Einstellungen für den Gas-Backofen sind komplett anders: Gas Stufe 1 = 100 Grad, Stufe 2 = 150 Grad, Stufe 3 = 175 Grad, Stufe 4 = 200 Grad, Stufe 5 = 225 Grad und Stufe 6 = 250 Grad.

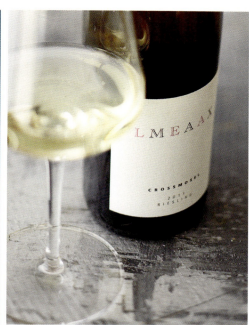

»Voilà, das ist Luxemburg! Mein kleines Heimatland ist international: Hier spricht jeder Lëtzebuergesch, Deutsch und Französisch – alle drei sind Amtssprachen. Und während ich mich mit meiner Küche am Nachbarn Frankreich orientiere, mache ich meinen Wein ›LMEAAX‹ mit dem deutschen Winzer Maximilian von Kunow aus Konz. Es sind Riesling und Rieslingsekt, den wir ›Crossmosel‹ nennen, denn wir leben zu beiden Seiten der Mosel.«

Leas Tipp gegen Frühjahrsmüdigkeit: Avocadocreme zum Frühstück (Foto links). Dafür püriert sie das Fleisch einer reifen Avocado, streicht es durchs Sieb, schmeckt mit Zitronensaft und Puderzucker ab. Ein perfekter Energiekick!

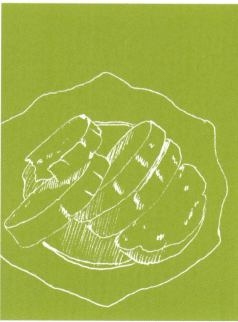

VORSPEISEN

»Elegant, raffiniert und leider ziemlich aufwendig«

Terrine von Erbsen und grünem Spargel

✱ Die grünen Spargelstangen schäle ich nur am unteren Ende und gare sie in 750 Milliliter Salzwasser, das dauert nur etwa acht Minuten. Den Spargel hebe ich heraus und schrecke ihn mit Eiswasser ab.

• Inzwischen pale ich die Erbsen. Die Schoten koche ich im Spargelwasser 10 bis 15 Minuten, um den Geschmack auszukochen. Ich hebe die Schoten heraus. Und dann tue ich die ausgepalten Erbsen in den Topf, koche sie drei Minuten und schrecke sie dann schnell in Eiswasser ab. Aufgepasst: Das Kochwasser wird noch gebraucht!

• Nun wird's ein bisschen fummelig: Die Erbsen werden geschält! Ich ritze sie einzeln mit dem Fingernagel an und drücke sie vorsichtig aus ihrer Haut. So genossen sind sie unvergleichlich zart! Wenn's Ihnen zu mühsam ist, verzichten Sie einfach auf diesen Arbeitsgang.

• In den Topf mit dem warmen Spargel-Erbsen-Sud lege ich die Minzezweige und lasse alles so wie einen Tee ziehen – zehn Minuten.

• Fürs Restaurant haben wir eine schmale Terrinenform (4 x 40 Zentimeter) extra anfertigen lassen. Nehmen Sie also eine möglichst schmale Terrinenform. Alternativ können Sie das Gemüse einfach in Espressotassen oder kleine Flan-Förmchen schichten. Ich lege Form oder Förmchen mit Frischhaltefolie aus, die Folie soll reichlich über den Rand stehen, damit ich nachher alles gut verschließen kann.

• Nun geht es ans Einschichten: Den Spargel halbiere ich in ganzer Länge und kleide die Terrinenform damit aus – mit der Schnittseite zur Form hin. Jetzt schichte ich die Erbsen und zum Schluss noch einmal eine Schicht Spargel ein.

• Ich fische die Minze aus dem Topf und messe den Sud ab. Ich brauche nur 600 Milliliter, lasse den Sud also entsprechend einkochen oder fülle ein bisschen Wasser nach. Ich schmecke ihn ab und gebe eventuell noch etwas Salz dazu.

• Inzwischen weiche ich die Gelatine ein, drücke sie dann fest aus und rühre sie unter die heiße Flüssigkeit. Voilà! Vorsichtig gieße ich sie nun in die Terrinenform.

• Die Terrine lasse ich im Kühlschrank sechs Stunden erkalten, gern auch über Nacht, so ist sie ganz sicher fest geworden. Danach stürze ich die elegante Terrine aus der Form und schneide sie mit einem scharfen (Brot-)Messer vorsichtig in Scheiben.

FÜR 4 PERSONEN • Foto rechts

500 g grüner Spargel • Salz • 500 g Erbsen (mit Schoten) • 5–6 Zweige Minze • 7 Blatt weiße Gelatine

Leas Tricks: Erbsenterrine

Elegant wird die Terrine in einer langen, schmalen Form. Die lässt sich gut mit den halbierten Spargelstangen auskleiden. Hinein kommen die einzeln geschälten Erbsen, den Abschluss bildet wieder grüner Spargel. Dann gießt Lea den mit Minze aromatisierten Gelatine-Sud an, verschließt die Terrinenform fest mit Frischhaltefolie und kühlt das Ganze – mindestens sechs Stunden.

VORSPEISEN

»Die Vinaigrette ist für viele Salate ideal – umwerfend frisch!«

Avocado-Orangen-Salat mit weißem Spargel und Orangenvinaigrette

✽ Die Avocado muss auf leichten Druck etwas nachgeben und beim Aufschneiden leuchtend grünes, weiches Fruchtfleisch haben.

• Aber zuerst bereite ich die Orangenfilets vor, denn der Saft ist die Grundlage für die Vinaigrette. Dafür schneide ich mit einem scharfen Küchenmesser die Schale von zwei schönen Orangen so herunter, dass auch die weiße Haut mit entfernt ist. Die Filets trenne ich mit einem kleinen scharfen Messer aus den kleinen Häutchen. Dabei fange ich den Saft in einer Schüssel auf, damit nichts verloren geht.

• Die Avocado halbiere ich, löse den Kern heraus und dann das Fruchtfleisch mit einem Esslöffel. Das Avocadofleisch schneide ich in gleichmäßige Balken, was übersteht, in Würfelchen.

• Die Spargelstangen schäle ich, schneide den holzigen unteren Teil ab und auch die Köpfe. Die Köpfe koche ich in etwas Gemüsefond mit Meersalz, einer guten Prise Zucker und der Butter etwa drei Minuten. Ich hole sie mit einer Schaumkelle heraus und lasse sie abkühlen.

• Den Spargelfond lasse ich auf die Hälfte einkochen. Die Spargelstangen schneide ich inzwischen schräg in Scheiben und lasse sie kurz im heißen Fond ziehen. Bitte nicht kochen, weil sie knackig bleiben sollen.

• Für jede Portion richte ich drei bis vier Avoacadobalken, zwei bis drei perfekte Orangenfilets, zwei Spargelköpfe und die Spargelscheibchen auf Tellern an. Je ein Orangenfilet schneide ich in kleine Stücke und streue sie darüber, ebenso meine Avocadowürfelchen. Obendrauf kommt nun noch ein Häufchen Rauke.

• Ich spüle die Bio-Orange heiß ab und ziehe ein paar Zesten aus der Schale. Damit dekoriere ich die Rauke. Ich presse den Saft aus und gebe ihn zum Saft der Orangenfilets. Dann schneide ich die Schalotte in allerfeinste Würfelchen, verrühre den Senf und etwas neutrales Öl, gebe den Orangensaft dazu und schmecke mit Salz und Pfeffer ab. Die wunderbar frische Vinaigrette kommt zum Schluss über den Salat.

FÜR 4 PERSONEN • Foto rechts

1–2 reife Avocados • 2 Orangen • 8 Stangen weißer Spargel • 150 ml Gemüsefond (Rezept Seite 29) • Meersalz • etwas Zucker • 15 g Butter • 100 g Rauke • 1 Bio-Orange • ½ Schalotte • etwas Dijon-Senf • 3 EL neutrales Öl (z.B. Erdnuss- oder Rapsöl) • Pfeffer aus der Mühle

VARIANTEN: Wenn Spargel keine Saison hat, schmeckt der Avocado-Orangen-Salat auch mit Möhrenstreifen oder Stangenbohnen.

»Die kleinen Appetizer sind Smoothies, machen kaum Arbeit und müssen sofort serviert werden – sonst verlieren sie ihre kräftige grüne Farbe!«

Kalte Ananas-Gurken-Suppe

✽ Ich brauche eine halbe reife Ananas, schäle sie und schneide das Fruchtfleisch in Stücke.

• Die Gurke schäle ich und schneide sie ebenfalls in Stücke. Ananas und Gurke fülle ich in den Mixer der Küchenmaschine.

• Ich gebe die Basilikumblättchen und einen Spritzer Limettensaft dazu. Außerdem gieße ich etwas frisch gepressten Orangensaft mit hinein und eine Prise Zucker.

• Zum Schluss würze ich mit Meersalz, einem Hauch Piment d'Espelette und reibe noch Limettenschale und ein bisschen frischen Ingwer hinein. Fertig, köstlich, gesund!

FÜR 4 GLÄSER (à 120 ml) • Foto rechts

½ Ananas (ca. 300 g Fruchtfleisch) • 1 Stück Salatgurke (ca. 100 g) • ½ Bund Basilikum • ½ Bio-Limette • etwas Orangensaft • etwas Zucker • Meersalz • Piment d'Espelette • 1 Stück frischer Ingwer (ca. 2 cm)

Sellerie-Apfel-Smoothie

✽ Ich wasche die Selleriestangen und schneide sie in grobe Stücke – auch das Selleriekraut.

• Den knackigen grünen Apfel viertele ich, schneide das Kerngehäuse heraus und gebe alles in den Mixer der Küchenmaschine.

• Dann gieße ich einen Viertelliter Wasser dazu, püriere die Gemüsemischung auf hoher Stufe sehr fein und gebe einen Spritzer Zitrone, den Saft der halben Orange und Meersalz dazu. Alles streiche ich durchs Haarsieb – fertig ist das klare, appetitanregende Süppchen.

TIPP: Zwei grüne Tomaten mitpüriert verfeinert das Aroma.

FÜR 4 GLÄSER (à 120 ml) • Foto rechts

2 Stangen Staudensellerie • 1 grüner Apfel (z.B. Granny Smith) • 1 Spritzer Zitronensaft • ½ Orange • Meersalz • evtl. 2 grüne Tomaten

»Zum Glück hat mein Sohn Louis das Linster-Gastronomie-Gen geerbt!«

HAUPTGERICHTE

Steinbutt mit Mangoldgemüse und Bärlauchpesto *Seite 22*

Dicke Bohnen mit neuen Kartoffeln und Frühlingszwiebeln *Seite 23*

Sabilingsfilets auf Porree *Seite 23*

»Ich liebe es, den feinen Saibling so schlicht zu garen, dass es kaum Arbeit macht und er seinen tollen Eigengeschmack zeigt«

HAUPTGERICHTE

»Das sieht viel komplizierter aus, als es ist – versprochen!«

Steinbutt mit Mangoldgemüse und Bärlauchpesto

Zuerst wasche ich den Mangold und schneide die Stängel ab. Ich koche die Stängel dann etwa fünf bis sechs Minuten in sprudelndem Salzwasser und schrecke sie anschließend in Eiswasser ab. Ich schneide sie in feine Streifen. Die Mangoldblätter schneide ich ebenfalls in feine Streifen und vermische sie dann mit den Stängeln.

• Nun würfele ich die Schalotten sehr fein (»brunoise«) und schwitze sie in der heißen Butter an. Ich gebe den Mangold mit in die Pfanne und dünste alles an. Ein bisschen Meersalz, weißer Pfeffer aus der Mühle und ein Spritzer Zitronensaft machen's perfekt.

• Ich lasse das Mangoldgemüse erkalten und bereite inzwischen das Bärlauchpesto zu. Ich wasche den Bärlauch für das Pesto und für die Dekoration. Das halbe Bund für die Dekoration lege ich beiseite, die andere Hälfte Bärlauch schneide ich klein. Die Petersilie wasche ich und zupfe die Blätter von den Stängeln. Die Bärlauchstreifen und die Petersilienblätter püriere ich jetzt zusammen mit zwei bis drei Esslöffel Wasser ganz fein. Ich gebe dann Salz und Pfeffer aus der Mühle dazu und lasse das Olivenöl ganz langsam hineinfließen.

• Die Steinbuttfilets wasche ich und ziehe die dunkle Haut ab. Wenn Sie sich damit nicht so gut auskennen: Der Fischhändler Ihres Vertrauens macht es gern für Sie. Die helle Haut auf der anderen Seite lasse ich aber in jedem Fall dran, denn sie schützt das feine Steinbuttfleisch und hält das Filet während der Garung gut zusammen.

• Ich lege die beiden Steinbuttfilets nun mit der weißen Hautseite auf ein Brett und bestreiche sie mit dem Bärlauchpesto. Außerdem gebe ich etwas Meersalz und etwas Zitronensaft darauf. Auf das eine Fischfilet verteile ich den angedünsteten Mangold und lege das zweite Steinbuttfilet mit seiner Pesto-Seite obendrauf.

• In der Pfanne zerlasse ich eine ordentliche Nuss Butter und gebe die Thymianzweige, den abgezogenen Knoblauch und dann den gefüllten Steinbutt hinein. Auf den Fisch drapiere ich ein Bärlauchblatt, das wird ein bisschen mitgegart, weil ich den Fisch während des Anbratens immer wieder mit der heißen Butter begieße – immer schön die Butter mit einem Esslöffel schöpfen, das kennen Sie ja schon. Schließlich lasse ich den wunderbaren Steinbutt noch fünf bis sechs Minuten im vorgeheizten Backofen bei 120 Grad ziehen. Voilà!

• Nun drapiere ich nur noch die Bärlauchblätter auf dem Teller, lege den gefüllten Steinbutt darauf und tupfe rundherum das restliche Bärlauchpesto. Genießen Sie den feinen Fisch!

FÜR 2 PERSONEN • Foto Seite 18

2 Steinbuttfilets (à ca. 150 g) • Meersalz • etwas Zitronensaft • 30 g Butter • 2 Thymianzweige • 2 Knoblauchzehen

Mangoldgemüse: *1 Mangold • Meersalz • 1–2 Schalotten • 30 g Butter • Meersalz • weißer Pfeffer aus der Mühle • etwas Zitronensaft*

Bärlauchpesto: *½ Bund Bärlauch (ca. 100 g) • ½ Bund glatte Petersilie • Meersalz • weißer Pfeffer aus der Mühle • 100 ml Olivenöl*

Dekoration: *½ Bund Bärlauch*

Leas Tricks: gefüllter Fisch

Dies ist eine besonders raffinierte Methode, Edelfischfilets (wie Steinbutt oder Seezunge) zu servieren. Lea würzt die Filets wie gewohnt mit Meersalz und Zitrone und gibt das Bärlauchpesto darauf. Sie drapiert das Mangoldgemüse obendrauf und legt das zweite Filet darauf. Beim Garen ist es wichtig, immer wieder Bratfett mit dem Esslöffel darüberzugießen.

HAUPTGERICHTE

»Wenn der Bohnenkern von der dicken Haut befreit wird, bekommt man ein richtig edles Gemüse«

Dicke Bohnen mit neuen Kartoffeln und Frühlingszwiebeln

❋ Jetzt ist die Zeit der neuen Kartoffeln. Herrlich! Ich nehme hier am liebsten schöne kleine, wasche sie gut und gare sie in ihrer Schale auf Dampf. Am einfachsten geht das im Topf mit ein bisschen Wasser und einem Dämpfeinsatz.

• Ich putze die Frühlingszwiebeln, schneide die weißen Teile ab, blanchiere sie zwei Minuten lang in sprudelndem Salzwasser und schrecke sie dann sofort in Eiswasser ab, damit der Kochvorgang stoppt.

• Die dicken Bohnen löse ich aus den Schoten und blanchiere sie ebenfalls etwa vier Minuten. Nach dem Abschrecken pule ich sie einzeln aus ihrer dicken Haut, so dass ich die allerfeinsten, kräftig grünen und zarten Bohnenkerne erhalte.

• Dann gieße ich die Sahne in einen kleinen Topf, gebe die Thymianzweige mit hinein und auch den Knoblauch. Die Knolle habe ich einfach waagerecht durchgeteilt und lasse eine Hälfte so mitgaren.

• Alles zusammen soll einkochen, bis es schön cremig ist. Nach Lust und Laune gebe ich vielleicht noch eine Schnitte Butter mit hinein, auf jeden Fall würze ich mit Meersalz und Pfeffer aus der Mühle. Zum Schluss gebe ich die Bohnenkerne kurz mit in die wunderbare Soße, ein paar lasse ich gern als Dekoration zurück.

• Inzwischen sind die Kartoffeln auch gar, ich pelle sie schnell und dekoriere sie mit den Sahnebohnen, den Frühlingszwiebeln, etwas Schnittlauch und einigen Bohnenkernen auf den Tellern. Voilà!!

DAZU: Krönen Sie den vegetarischen Genuss mit einigen Parmesanspänen – das schmeckt superbe!

FÜR 2 PERSONEN • Foto Seite 19

8 kleine Kartoffeln • 1 Bund Frühlingszwiebeln • Meersalz • 1 kg dicke Bohnen • 150 g Sahne • 5 Thymianzweige • ½ Knoblauchknolle • evtl. 20 g Butter • weißer Pfeffer aus der Mühle • etwas Schnittlauch • evtl. etwas Parmesan

»Ich gare die Fischfilets im Backofen – kinderleicht und für jeden Fisch perfekt!«

Saiblingfilets auf Porree

Die Fischfilets spüle ich kurz ab, tupfe sie mit Küchenpapier trocken und gebe Meersalz darüber. Ich lege ein Backblech mit Backpapier aus und lege die Filets mit der Hautseite nach oben darauf – so kann ich die Haut nachher ganz leicht abziehen.

• Den Backofen heize ich auf 170 Grad vor. Ich schiebe das Blech mit den Saiblingsfilets in den heißen Ofen. Sie brauchen nur rund zehn Minuten, bis sie perfekt gegart sind!

• Die Porreestange wasche ich, schneide das Weiße und das Hellgrüne zuerst in hauchdünne Ringe und blanchiere diese dann etwa zwei Minuten in sprudelnd kochendem Salzwasser. Danach schrecke ich das Gemüse sofort mit Eiswasser ab.

• Außerdem koche ich für jeden ein bis zwei Stangen Mini-Porree, etwa fünf Minuten lang. Auch der kommt ins Eiswasser und wird dann schräg in dekorative Streifen von etwa einem Zentimeter geschnitten.

• Ich mache eine kleine Emulsion aus etwas Wasser, Meersalz und einer Nuss Butter und lasse alles in der Pfanne einmal kurz aufkochen. In dieser Emulsion wärme ich die Porreeringe kurz auf – ein Trick, der sich für alle Gemüse eignet.

• Nun drapiere ich die Porreeringe auf die heißen Teller. Rundherum gebe ich die Mini-Porree-Stücke, die ich mit ein bisschen Olivenöl – es muss von allerbester Qualität sein – und etwas Limettensaft beträufele. Zum Schluss setze ich die heißen Saiblingsfilets obendrauf und ziehe dann erst die Haut ab. Showtime!

TIPP: Wer mag, gibt noch etwas feines Olivenöl und einen Hauch Fleur de Sel auf den Fisch.

FÜR 2 PERSONEN • Foto Seite 20

2 Saiblingsfilets (à ca. 180 g) • Meersalz • 1 Porreestange (ca. 250 g) • 2–4 Stangen Miniatur-Porree (oder Frühlingszwiebeln) • 1–2 EL Butter • etwas Olivenöl • 1 Spritzer Limettensaft

VARIANTEN: So einfach lässt sich auch jedes andere Fischfilet garen, und die Porree-Emulsion verträgt sich bestens mit anderem Fisch. Übrigens: Statt der Emulsion passt natürlich genauso gut ein Sahnesößchen zum Porreegemüse.

HAUPTGERICHTE

„Herrlich! Spargelzeit! Und dazu ein supereinfaches Rezept"

Tagliatelle mit grünem Spargel und Parmesan

✻ Ganz frisch bringt mir meine Freundin Patricia immer die ersten Portionen meines Lieblingsgemüses. Und sie hat mir gleichzeitig dieses wunderbare Rezept mitgeliefert. Damit wir es uns nicht allzu einfach machen, bereite ich aber wenigstens die Nudeln selbst zu, der Rest erledigt sich wirklich wie von Zauberhand.

• Für die Bandnudeln vermische ich den Grieß und das Pasta-Mehl miteinander. Ich gebe die drei mittelgroßen Eier dazu und verknete alles wie immer zu einem schönen glatten Nudelteig. Den verpacke ich gut und fest in Frischhaltefolie und lasse ihn eine halbe Stunde bei Zimmertemperatur ruhen.

• Inzwischen wasche ich den Spargel mit kaltem Wasser ab, schäle ihn im unteren Drittel und schneide die Enden großzügig weg. Dann schneide ich zunächst die zarten Spargelköpfe ab und die Stangen schräg in Scheiben oder in Streifen. Die Spargelköpfe schneide ich schließlich einmal der Länge nach durch.

• Nun ist der Nudelteig fertig zum Ausrollen: Ich teile ihn in vier Portionen und gebe diese einzeln so lange immer wieder durch die Nudelmaschine, bis der Teig richtig schön dünn ist. Das braucht ein bisschen Geduld und Fingerspitzengefühl, aber die Mühe lohnt sich unbedingt! Die vier Bahnen schneide ich dann, ebenfalls mit der Nudelmaschine, in Bandnudelstreifen.

• Ich bringe Salzwasser zum Kochen, lasse die Nudeln nur etwa fünf Minuten kochen und fange beim Abgießen etwas Nudelwasser auf.

• Die Spargelstücke und die halbierten Spargelköpfe brate ich in der Pfanne im Olivenöl an – nur etwa vier Minuten. Dabei rühre ich den Spargel die ganze Zeit vorsichtig um. Voilà!

• Ich gebe noch einen Schuss vom Nudelwasser zum Spargel, würze kräftig mit Meersalz und reichlich Pfeffer aus der Mühle und vermische die fertig gegarten Nudeln jetzt mit den Spargelstücken.

• Obendrauf gebe ich reichlich Parmesan, den ich natürlich ganz frisch gerieben habe. Und wer mag, gibt noch auf jede Portion einen Esslöffel Forellenkaviar – das ist wirklich der Hit! So kann die Spargelzeit kommen, genießen Sie dieses herrliche Gemüse!

FÜR 4 PERSONEN • *Foto rechts*

Bandnudeln: *100 g Weizengrieß • 200 g Pasta-Mehl (z. B. von De Cecco) oder Weizenmehl Type 405 • 3 Eier • Salz*

Gebratener Spargel: *750 g grüner Spargel • 2 EL Olivenöl • Meersalz • Pfeffer aus der Mühle • 100 g Parmesan*

Topping (nicht vegetarisch): *evtl. 50 g Forellenkaviar*

TIPP: Es lohnt sich, gleich mehr Pasta zu machen, sie lässt sich gut einfrieren. Die fertigen Bandnudeln sollten Sie dann zu Nestern formen, im Tiefkühler vorfrieren und in Gefrierbeuteln einfrieren. Zum Essen die Nudeln gefroren aus den Beuteln nehmen und sofort kochen.

Leas Tricks: Spargel

Das edle Gemüse sollte frisch geerntet sein. Vor allem weißer Spargel ist am besten, wenn er morgens gestochen wird und noch am selben Tag auf den Tisch kommt. Achten Sie beim Kauf also darauf, dass dieses wunderbare Gemüse aus der Region stammt! Lea schält den Spargel immer großzügig, Reste von der Schale verderben den Genuss. Weiße Stangen ganz, grüne nur im unteren Drittel schälen.

Wolfsbarsch im Filoteig mit Curry-Gemüse-Soße *Seite 28*

Lammfilet auf Frühlingsart Seite 28

HAUPTGERICHTE

»Der Fisch bleibt im knusprigen Teig schön saftig«

Wolfsbarsch im Filoteig mit Curry-Gemüse-Soße

Für die kleine Gemüsefüllung schäle ich die Möhre und schneide sie in sehr feine Streifen (»Julienne«). Die Frühlingszwiebeln putze ich, halbiere sie und lege das Grün erst einmal beiseite.

• Ich erhitze einen Esslöffel vom Olivenöl und gebe die Möhren- und Frühlingszwiebelstreifen hinein und etwas Salz darüber. Noch einen kleinen Schluck Wasser dazu – so dünste ich das Gemüse an.

• Inzwischen verrühre ich das restliche Öl mit dem Eiweiß und einer guten Prise Currypulver und stelle es beiseite. Zum Gemüse gebe ich den Rest Curry, eine halbe Chilischote, entkernt und in Ringe geschnitten, einen halben Stängel Zitronengras und ein Stück fein gewürfelten Ingwer. Ich gieße die Sahne zu und lasse die Gemüsesoße ohne Deckel leise köcheln. Sie kocht ein bisschen ein.

• Die Filoteigblätter lege ich aus, schneide sie etwa 15 x 20 Zentimeter groß und pinsele sie mit dem Curry-Eiweiß ein – Eiweiß und Öl sind ein guter Kleber! Ich lege einige Blätter Koriander und glatte Petersilie auf den Teig, sie sollen dekorativ durch den dünnen Teig scheinen.

• Die Fischfilets wasche ich, tupfe sie mit Küchenpapier trocken und schneide die Schwanzspitzen ab, damit ich schöne gerade Päckchen bekomme. Ich salze die Filets und lege jeweils eines mit seiner weißen Seite auf die Kräuter. Auf jedes Filet drapiere ich etwas von der gedünsteten Gemüsejulienne und schlage alles sorgfältig in den Teig ein.

• In einer Pfanne erhitze ich das Frittieröl und brate meine Fischpäckchen – zuerst mit der Nahtstelle nach unten – darin an, so dass sie von beiden Seiten schön goldbraun werden. Danach stelle ich sie noch für fünf Minuten in den Backofen, den ich auf 140 Grad vorgeheizt habe, damit der Fisch gar wird.

• Ich brate noch schnell das Grün der Frühlingszwiebeln, das ich in vier bis fünf Zentimeter lange Stücke geschnitten habe.

• Die Fischpäckchen richte ich gern auf grünen Spargelspitzen an, die ich einfach zwei Minuten in kochendem Salzwasser blanchiert und sofort in Eiswasser abgeschreckt habe. Darauf lege ich noch ein paar hauchdünn geschnittene Chiliringe, das Frühlingszwiebelgrün und gebe ein bisschen Curry-Gemüse-Soße daran. Absolut köstlich!

FÜR 4 PERSONEN • Foto Seite 26

1 Möhre • 1 Bund Frühlingszwiebeln • Meersalz • 3 EL Olivenöl • 1 Eiweiß • ½ TL Currypulver • 1 Chilischote • ½ Stängel Zitronengras • 1 Stück frischer Ingwer • 100 g Sahne • 4 Blätter Filo- oder Brickteig • 2 Korianderstängel • 2 Stängel glatte Petersilie • 4 Fischfilets (à ca. 120 g; Wolfsbarsch, Seelachs oder Dorsch) • Öl zum Frittieren • evtl. 8 grüne Spargelspitzen

»Wichtig: Fleisch darf nie direkt aus dem Kühlschrank in die Pfanne!«

Lammfilet auf Frühlingsart

Ich nehme feinstes Lammfilet, das schiere Stück vom ausgelösten Rücken, befreie es von allen Fettresten und stelle es bereit. Für die Soße schneide ich eine Schalotte in feinste Würfelchen. Ich enthäute und entkerne zwei schöne Tomaten und schneide sie in feine Würfel.

• Die Spargelstangen schäle ich und halbiere sie quer. Die Mangoldstiele schneide ich auf etwa zehn Zentimeter, die Blätter lasse ich ganz. Beide Gemüse blanchiere ich nacheinander zwei Minuten in sprudelndem Salzwasser und schrecke sie in Eiswasser ab.

• In einem großen Topf erhitze ich etwa 20 Gramm Butter und schmurgele die Mangoldstiele darin mit ein bisschen Gemüsefond. Ich erhitze weitere 20 Gramm Butter in einer kleinen Pfanne und brate die Mangoldblätter darin, sie sollen ein bisschen braun werden. Ich gebe etwas Meersalz darüber, nehme sie aus der Pfanne und stelle sie beiseite.

• Noch einmal Butter in die Pfanne und den Spargel hinein! Ich würze ihn mit Salz und einer Prise Zucker, lasse ihn etwas braun werden und gebe Schnittlauch dazu, den ich auf zwei Zentimeter geschnitten habe.

• Das Olivenöl erhitze ich, salze und pfeffere das Lammfilet und brate es im heißen Öl kräftig an – etwa fünf Minuten von jeder Seite.

• Inzwischen dekoriere ich die Mangoldblätter, die klein geschnittenen Mangoldstangen und den Spargel auf eine Platte.

• Ich nehme das Fleisch aus der Pfanne, lege einen Gitterrost darauf und das Fleisch auf den Rost. Ich gebe eine Scheibe Knoblauch und die frischen Thymianzweige darüber und schiebe die Pfanne so bei 130 Grad in den Backofen, damit das Fleisch ruht und heiß bleibt.

• Für die Soße zerlasse ich etwas Olivenöl und einen Esslöffel Butter in einer kleinen Pfanne, dünste die Schalotten- und Tomatenwürfel an. Ich gebe etwas Fleischjus dazu, der aus dem Filet läuft, und klein geschnittenes Basilikum. Die Soße würze ich gut mit Meersalz und Pfeffer und montiere sie schnell mit ein paar eiskalten Butterwürfeln.

• Nun schneide ich das Fleisch auf, drapiere es auf meine Platte zum warmen Gemüse und gebe die Soße darüber. Ich dekoriere gern noch mit ein paar Basilikumblättchen und habe ein geniales Essen.

FÜR 2 PERSONEN • Foto Seite 27

300 g Lammfilet • 1–2 EL Olivenöl • Meersalz • Pfeffer aus der Mühle • 1 Knoblauchzehe • 6 Thymianzweige

Gemüsegarnitur: *4 Stangen weißer Spargel • Meersalz • 4 Mangoldblätter (mit Stiel) • 60 g Butter • 50 ml Gemüsefond (Rezept Seite 29) • etwas Zucker • etwas Schnittlauch*

Tomatensoße: *1 Schalotte • 2 Tomaten (z. B. Roma) • 1 EL Olivenöl • 3–4 EL Butter • 1–2 EL Fleischfond • ½ Bund Basilikum • Meersalz • Pfeffer aus der Mühle*

»Ich freue mich über den Trend, öfter vegetarisch zu essen und auch wieder Gemüsesorten zu ehren, die fast schon vergessen schienen. Ich denke an rote Bete und Pastinaken, Topinambur und dicke Bohnen. Sie werden ganz zu Unrecht Saubohnen genannt, man muss sie nur von ihrer dicken Haut befreien.«

Leas Extratipp fürs vegetarische Kochen:
Gemüsefond! Gekocht aus einem Bund Suppengrün (Möhren, Knollensellerie, Porree, Petersilienwurzel), einer ungeschälten, halbierten Zwiebel, einer Tomate und evtl. einer Knoblauchzehe. Mit zwei Liter Wasser eine Stunde leise köcheln, durchseihen und in sauberen Twist-off-Gläsern kühl aufbewahren.

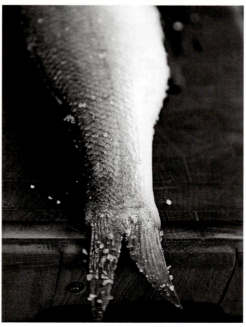

Spinatflan *Seite 34*

Rotbarben mit Paprikasoße und Artischocken à la barigoule *Seite 34*

Kaninchenrücken mit Möhren und Schneidebohnen *Seite 35*

Hühnerfond und Hühnersuppe *Seite 35*

HAUPTGERICHTE

»Der vegetarische Flan ist Frühling pur«

Spinatflan

✱ Zunächst wasche und putze ich den Spinat. Ich ziehe die Schalotte ab und schneide die Hälfte in feinste Würfelchen.

• Ich zerlasse die Butter, dünste die Schalottenwürfel darin an und gebe den Spinat dazu. Ich lasse ihn nur zusammenfallen, gebe ihn auf ein Haarsieb und lasse ihn abtropfen. Den Spinat drücke ich dann gut aus und hacke ihn fein.

• Die Milch verrühre ich mit der Sahne, den Eiern und dem gehackten Spinat. Ich würze die Masse mit Meersalz, Pfeffer und etwas frisch geriebenem Muskat.

• Nun buttere ich die Flan-Förmchen aus und heize den Backofen auf 150 Grad. Ich fülle die Spinatmasse in die Förmchen und stelle sie in die Fettpfanne des Ofens, die ich mit kochendem Wasser gefüllt habe. So lasse ich den Flan etwa eine Stunde stocken.

• Die Baby-Zucchini schneide ich in dünne Scheiben, blanchiere sie zwei Minuten in sprudelnd kochendem Salzwasser und schrecke sie sofort kurz in Eiswasser ab.

• Ich stürze die Flans aus den Förmchen auf eine Platte. Nun viertele ich die Tomaten und dekoriere sie zusammen mit den Zucchini-Scheiben auf die Teller. Bon appétit!

DAZU: Frisch geröstetes Bauernbrot passt perfekt.

FÜR 2 PERSONEN • Foto Seite 30

500 g Babyspinat • ½ Schalotte • 1–2 EL Butter • 100 ml Milch • 100 g Sahne • 2 Eier • Meersalz • Pfeffer aus der Mühle • ein Hauch Muskatnuss • Fett für die Förmchen • 3 Baby-Zucchini • 200 g Kirschtomaten

TIPP: Als Vorspeise reicht die Menge für vier Personen.

WAS IST EIGENTLICH: SAUCE BARIGOULE
Diese Weißwein-Olivenöl-Soße mit ihren Kräutern gehört zu den klassischen Soßen der französischen Küche. Artischocken und Sauce barigoule sind eine unverzichtbare Kombination aus Frankreichs Süden, der Provence. Das kräftige Gemüse schmeckt übrigens auch so in der Soße gut, die Artischocken müssen nicht unbedingt zum Schluss noch einmal gebraten werden.

»Ein bisschen aufwendig das Ganze, aber Sie werden es lieben!«

Rotbarben mit Paprikasoße und Artischocken à la barigoule

Für die Soße gebe ich die Paprika bei 180 Grad für eine Stunde in den Backofen. Ich lege sie einfach im Ganzen aufs Backblech, so dass sie im eigenen Saft garen. Dann enthäute und entkerne ich sie und püriere sie sehr fein. Ich würze mit Meersalz, Pfeffer aus der Mühle, etwas Zucker und etwas Tabasco. Eine geniale Soße zu vielen Fischarten!

• Inzwischen putze ich die kleinen Artischocken, schneide alle äußeren Blätter ab und entferne das Heu mit einem Löffel. Ein bisschen Stiel lasse ich aber diesmal (geschält) dran, das sieht schön dekorativ aus.

• Für die Sauce barigoule würfele ich zwei Schalotten fein und dünste sie in zwei Esslöffel Olivenöl an. Ich gebe meine Artischocken mit hinein, dünste sie kurz an und gieße den Weißwein dazu. Nun kommen Lorbeerblatt, Thymian, Meersalz, Pfeffer aus der Mühle und etwas Zucker mit in den Topf. Und ein bisschen Geflügelfond. In diesem Sud müssen die Artischocken 15 bis 20 Minuten garen.

• Ich nehme die Artischocken aus der Soße, viertele sie und brate sie im restlichen Olivenöl scharf an. Ich gebe noch zwei Schalotten, abgezogen und halbiert, mit hinein und brate sie ebenfalls scharf an.

• Für die Paprikabeilage entkerne ich die gelbe Paprika und schneide sie in feine Streifen. Mit Schalottenwürfelchen, Thymian, Knoblauch (die Knolle waagerecht durchschneiden) und etwas Basilikum brate ich die Paprikastreifen kurz an, eventuell gieße ich noch etwas Fond an.

• Die Fischfilets brate ich mit der Hautseite nach unten kräftig in Olivenöl an, bis die Haut schön knusprig ist. Ich drehe sie in der Pfanne um und muss dann nur noch bis drei zählen – schon sind die Filets perfekt gegart.

• Die warme Paprikasoße gebe ich in großen Tropfen auf jeden Teller, dekoriere gelbe Paprikastreifen und gebratene Schalotte dazu. Ich drapiere je ein Filet und die Artischockenviertel darauf und vielleicht ein paar Basilikumblättchen. Den Genuss haben Sie sich verdient!

FÜR 4 PERSONEN • Foto Seite 31

4 Rotbarbenfilets mit Haut (à ca. 160 g) oder rosa Dorade • 2 EL Olivenöl

Paprikasoße: *4 rote Paprika • Meersalz • Pfeffer aus der Mühle • etwas Zucker • 1–2 Spritzer Tabasco*

Paprikagemüse: *1 gelbe Paprika • 2 Schalotten • 1 Thymianzweig • ¼–½ Knoblauchknolle • einige Basilikumblätter • evtl. etwas Hühner- (Seite 35) oder Gemüsefond (Seite 29)*

Artischocken à la barigoule: *4 kleine Artischocken • 4 Schalotten • 4 EL Olivenöl • 100 ml Weißwein • 1 Lorbeerblatt • 2 Thymianzweige • Meersalz • Pfeffer aus der Mühle • Zucker • 100 ml Hühnerfond (Rezept Seite 35)*

HAUPTGERICHTE

»Lassen Sie sich unbedingt Bauchlappen und Nierchen mitgeben!«

Kaninchenrücken à la Lea

Lassen Sie die Kaninchenrücken vom Wildhändler küchenfertig zubereiten: Die Rückenfilets werden ausgelöst, die Bauchlappen und Nieren abgetrennt, die Knochen klein gehackt. Ich verknote die Bauchlappen, nehme die Nierchen aus dem Fett und trenne alle Häutchen ab.

- In der Butter brate ich die Kaninchfilets rundherum an, gebe Meersalz und Pfeffer darüber und nehme sie aus dem Topf. Ich stelle sie erst einmal beiseite. Jetzt kommen die Nierchen in die Butter, werden sofort gedreht, und fertig sind sie. Wer mag, isst sie gleich beim Kochen. Auch die Bauchlappen werden angebraten und rausgenommen.

- Nun gebe ich die Knochenteile in den Topf und brate sie richtig dunkelbraun an. Ich gebe die Bauchlappen mit hinein und die Schalotte, die ich gewürfelt habe. Ich lösche mit einem guten Weißwein ab.

- Mit in den Topf kommen die Petersilienstängel, das Lorbeerblatt, Thymian, der Knoblauch und die klein geschnittene Tomate, die dem Ganzen Farbe und eine feine Säure gibt. Ich bedecke nun alles mit Wasser und lasse es bei kleiner Hitze köcheln.

- Um eine perfekte Fleischsoße zu bekommen, gibt es einen einfachen Trick: Ich lasse die Flüssigkeit einkochen, gieße wieder etwas Wasser an, lasse es einkochen und so weiter. So wird der Geschmack intensiv.

- Ist die Soße richtig, das kann etwa zwei Stunden dauern, gieße ich sie durchs Sieb. Ich reduziere sie erneut und schmecke mit Salz und Pfeffer aus der Mühle ab – köstlich, kräftig, herrlich ist sie!

- Für die Beilage schneide ich die Bohnen und die Möhren roh in lange Streifen wie Bandnudeln, blanchiere sie dann drei Minuten in sprudelndem Salzwasser und schrecke sie mit Eiswasser ab. In der Pfanne zerlasse ich ein bisschen Butter und schwenke das Gemüse darin.

- Ich brate die Kaninchenfilets kurz fertig und drapiere die Gemüsestreifen auf eine vorgewärmte Platte. Das Fleisch schneide ich in lange dünne Tranchen. Ein bisschen Soße träufele ich als Dekoration darüber, den Rest reiche ich so dazu. Und im Vertrauen: Die in der Soße gegarten Bauchlappen sind fast das Beste – genießen Sie's!

DAZU: Ein paar halbierte Schalotten, in Butter richtig braun gebraten.

FÜR 4 PERSONEN • Foto Seite 32

2 Kaninchenrücken mit Bauchlappen und Nierchen (à ca. 400 g) • 50 g Butter • Meersalz • Pfeffer aus der Mühle • 1 Schalotte • 200 ml Weißwein (nicht zu trocken) • 4 Stängel glatte Petersilie • 1 Lorbeerblatt • 2 Thymianzweige • 2 Knoblauchzehen • 1 Tomate

Gemüsebeilage: *500 g Schneidebohnen • 4 Möhren • Meersalz • 3 EL Butter*

»Hier setze ich das Huhn einmal nicht in kaltem Wasser auf«

Hühnerfond…

Ich bringe reichlich Wasser in einem großen Topf zum Kochen. Das Huhn spüle ich ab und gebe es hinein. Ich lasse alles einmal ordentlich aufkochen, damit sich das Eiweiß absetzt.

- Ich hole das Huhn aus dem Topf und gieße das Wasser weg. Dann lege ich das Huhn wieder in den Topf zurück und gebe so viel kaltes Wasser hinein, dass es gut bedeckt ist.

- Inzwischen habe ich das Gemüse geputzt und grob geteilt, die Tomaten halbiere ich nur. Zusammen mit dem Thymian, dem Lorbeerblatt und Salz kommt es zum Huhn in den Topf. Die Petersilie wasche ich, zupfe die Blätter von den Stängeln und stelle sie beiseite. Die Petersilienstängel binde ich mit Küchengarn zusammen und gebe sie mit in den Topf – das gibt einen besonders guten Geschmack.

- So wird jetzt alles eine Stunde lang gekocht. Danach hole ich das Huhn und das Gemüse aus dem Topf und stelle alles beiseite.

- Im Topf habe ich jetzt den Hühnerfond, den ich für so viele Gerichte gut gebrauchen kann und immer im Vorrat habe!

…und Hühnersuppe

- Für meine Hühnersuppe lasse ich den Fond etwas einkochen. Das Hühnerfleisch löse ich von Haut und Knochen und teile es in große Stücke. Möhre, Sellerie und Zwiebeln schneide ich in mundgerechte Stücke und richte sie mit dem Hühnerfleisch in tiefen Tellern an.

- Die Brühe gieße ich durch ein Haarsieb, lasse sie noch einmal aufkochen, fülle sie in die Teller und gebe zum Schluss gern noch grob gehackte Petersilienblätter darüber.

FÜR ETWA 1½ LITER • Foto Seite 33

1 Poularde (ca. 1,4 kg) • 2 große Zwiebeln • 2 Möhren • ¼ Knollensellerie • 1 Stange Porree • 2 Fleischtomaten • 2 Thymianstängel • 1 Lorbeerblatt • Salz • 1 Bund glatte Petersilie

HAUPTGERICHTE

„Getrocknete Morcheln machen die Soße wunderbar aromatisch"

Putenragout mit Morcheln

Zuerst weiche ich die getrockneten Morcheln in Wasser ein, so dass sie gut bedeckt sind. Sobald sie weich sind, hole ich sie aus dem Wasser und drücke sie gut aus. Aufgepasst: Das Morchelwasser bitte unbedingt aufheben!

• Ich putze nun eine große Schalotte und schneide sie wie immer in sehr feine Würfel. Ich zerlasse 30 Gramm von der Butter in einem Topf und schwitze darin die Morcheln an. Ich gebe die Schalottenwürfelchen mit hinein, dünste sie ebenfalls an und lösche dann mit dem Noilly Prat ab.

• Das Morchelwasser gieße ich dazu und lasse alles ein bisschen einkochen. Die Knoblauchzehen ziehe ich ab und wasche den Thymianzweig. Beides kommt zu den Morcheln in den Topf, ebenso Meersalz und Pfeffer aus der Mühle. So lasse ich die Soße weiter einkochen – schön gemütlich und bei kleiner Hitze.

• Inzwischen schneide ich das Putenfilet in Würfel und brate die Würfel in einer Pfanne im heißen Öl kräftig an. Wenn das Fleisch rundherum braun ist, nehme ich es heraus und gieße das Fett weg. Den restlichen Bratensaft löse ich mit ein bisschen Fond vom Pfannenboden und gieße ihn zur Soße.

• Das Putenfleisch lasse ich im vorgewärmten Backofen bei 160 Grad etwa 15 Minuten lang gar ziehen.

• In einem Topf zerlasse ich nun die restliche Butter. Ich streue etwas Mehl hinein, verrühre es schnell mit der Butter. Nun gieße ich meine Morchelsoße hinein, so dass sie schon einmal sämig wird. Ich gieße die Sahne dazu und lasse sie einkochen. Zum Schluss hebe ich das Putenfleisch darunter und schmecke noch einmal mit Meersalz und frisch gemahlenem Pfeffer ab. Voilà!

DAZU: Frühlingszwiebeln, die ich leicht in Öl anbrate, und natürlich Pellkartoffeln passen perfekt.

FÜR 4 PERSONEN • Foto rechts

15 g getrocknete Morcheln • 3 Schalotten • 60 g Butter • 200 ml Noilly Prat • 4 Knoblauchzehen • 2 Thymianzweige • Meersalz • Pfeffer aus der Mühle • 800 g Putenfilet (am liebsten Bio) • 4 EL neutrales Öl (z. B. Erdnuss- oder Rapsöl) • etwas Hühnerfond (Rezept Seite 35) oder Wasser • 3 TL Mehl • 175 g Sahne

WAS IST EIGENTLICH: NOILLY PRAT
Noilly Prat ist ein sehr trockener Wermut aus Frankreich. Seine Basis sind zwei Weine aus dem Süden, Clairette und Picpoul de Pinet. Das aromatische Getränk reift in Eichenfässern, davon auch ein Jahr unter freiem Himmel. Noilly Prat ist unentbehrlich zum Mixen von Cocktails, der berühmteste: der Dry Martini, gerührt, nicht geschüttelt… In der Küche ist er vor allem beim Zubereiten von Fischsoßen beliebt.

Leas Tricks: Morcheln

Im Mai und Juni bekommen Sie auch frische Morcheln auf dem Markt und in guten Gemüseläden. Für die Soße verwenden Lea und ihr Sous-Chef Korbinian Wolf aber lieber getrocknete Morcheln, weil die den noch intensiveren Geschmack geben. Verarbeiten Sie im Ragout also die getrockneten in der Soße und gönnen Sie sich dazu eine Handvoll von den frischen, wenn sie Saison haben.

SÜSSES

Matcha-Biskuit mit weißer Schokomousse und Himbeeren *Seite 42*

Gestreiftes Parfait mit Rhabarberkompott *Seite 42*

Windbeutel mit Erdbeerfüllung *Seite 43*

Basilikum-Apfel-Gelee mit Waldmeister-Zabaione *Seite 43*

SÜSSES

»Ungewöhnlich und absolut köstlich!«

Matcha-Biskuit mit weißer Schokomousse und Himbeeren

Für den Biskuit brauche ich die Küchenmaschine, aber diesmal nicht die Quirle, sondern das Blatt, das normalerweise für den Rührteig gebraucht wird. Sonst nehmen Sie bitte die Knethaken. Damit schlage ich die Marzipanmasse, die Zimmertemperatur haben soll, weich.

• Ich gebe das feine Matcha-Pulver (es muss von allerbester Qualität sein!) und das Salz dazu. Außerdem kratze ich die Vanilleschote aus und rühre das Vanillemark hinein. Dann kommen die Eier nach und nach dazu. Alles wird so zu einer schönen sanften Masse gerührt – das dauert ungefähr zehn Minuten.

• Inzwischen streiche ich das Mehl und das Kartoffelmehl durchs Haarsieb, beides kommt jetzt zum Marzipanmix. Dann eventuell noch ein Schuss Amaretto und die weiche Butter. Den fertigen Teig streiche ich sieben Millimeter hoch auf eine Silikonmatte, die ich mit etwas Butter gefettet habe (alternativ: Backblech mit Backpapier auslegen).

• Um den Matcha-Biskuit zu backen, heize ich den Backofen schon mal auf 170 Grad vor. Ich backe den Biskuit nur etwa zwölf Minuten, sie wissen ja, das Backblech nach der Halbzeit einmal waagerecht drehen – so bräunt Kuchen in jedem Backofen gleichmäßig.

• Für die weiße Schokoladenmousse weiche ich die Gelatine in kaltem Wasser ein. Die weiße Schokolade schmelze ich auf dem Wasserbad und rühre dann den Joghurt darunter. Die Gelatine gebe ich tropfnass in einen kleinen Topf, löse sie bei kleiner Hitze auf und rühre sie unter die Schokolade. Die Sahne schlage ich steif und hebe sie unter die Schokocreme. Voilà, jetzt muss ich die Mousse nur gut kühlen.

• Ich lasse den Matcha-Biskuit abkühlen und schneide ihn dann am liebsten in Balken von etwa 4 x 10 Zentimetern. Obendrauf gebe ich kleine Tupfer von der weißen Schokomousse, die ich dafür in einen Spritzbeutel fülle. Und dann setze ich die Himbeeren darauf und dekoriere noch mit kleinen Waldmeister- oder Minzeblättchen.

FÜR 12 PERSONEN • Foto Seite 38

Biskuitteig: *300 g Rohmarzipan • 2 TL Matcha-Tee (Pulver) • 1 gute Prise Salz • 1 Vanilleschote • 4 Eier • 35 g Mehl • 135 g Kartoffelmehl • evtl. 2 EL Amaretto • 120 g Butter*

Weiße Schokomousse: *2 Blatt Gelatine • 200 g weiße Schokolade • 75 g Joghurt • 150 g Sahne*

Dekoration: *200 g Himbeeren • einige Waldmeister- oder Minzeblättchen*

VARIANTE: In kleine Würfel geschnitten und mit einem Tupfer Mousse versehen, werden daraus wunderbare Petits Fours zum Espresso.

»Himmlisch im Geschmack, dekorativ für Gäste«

Gestreiftes Parfait mit Rhabarberkompott

Zuerst koche ich den Zuckersirup, auch Läuterzucker genannt: Dafür löse ich den Zucker in 150 Milliliter Wasser auf und lasse alles rund zehn Minuten lang kochen.

• Ich trenne dann die Eier. Die Eigelb schlage ich mit 100 Millilitern vom heißen Zuckersirup mit den Quirlen des Handrührers so lange auf, bis ich einen glatten, hellen Schaum bekommen habe. Zum Schluss ziehe ich noch das Mark der Vanilleschote unter.

• Die Bio-Limette spüle ich heiß ab und ziehe mit dem Zestenreißer feine Streifen aus der Schale. Dann schlage ich die Eiweiß steif. Aufgepasst: Damit das gelingt, müssen die Schneebesen wieder ganz sauber sein! Ich hebe vorsichtig 100 Milliliter heißen Zuckersirup und die Limettenzesten darunter und schlage so lange weiter, bis ich eine schöne steife Baisermasse habe.

• Nun schlage ich die Sahne steif. Für meine Parfaits nehme ich immer am liebsten Konditorsahne, denn die bleibt besser fest. Mit normaler Sahne gelingt es aber auch ganz gut.

• Jeweils die Hälfte der steifen Sahne hebe ich unter die Eigelb- und die Eiweißmasse und lasse beides zunächst im Kühlschrank abkühlen.

• Inzwischen kühle ich die acht Gläser fürs Dessert im Freezer. Ich schichte dann abwechselnd weiße und gelbe Creme ein. Dazwischen lasse ich das Parfait im Tiefkühler immer wieder fest werden.

• Fürs Kompott putze ich den Rhabarber, ziehe also die Haut ab und schneide die Enden ab, so dass ich 300 Gramm Rhabarber habe. Die Stangen schneide ich in Stückchen und koche sie im restlichen Zuckersirup, nur etwa drei Minuten lang. Ich lasse das Kompott abkühlen und gebe vor dem Servieren für jeden etwas davon aufs Parfait.

FÜR 8 PERSONEN • Foto Seite 39

Sirup: *300 g Zucker*

Parfait: *5 Eier • 1 Vanilleschote • 1 Bio-Limette • 330 g Sahne (am liebsten Konditorsahne mit 35 % Fett)*

Kompott: *500 g Rhabarber • Zuckersirup (vom Parfait)*

SÜSSES

»Das Gebäck ist so zart wie die Wolke am Frühlingshimmel«

Windbeutel mit Erdbeerfüllung

Die Windbeutel backe ich wie im Rezept auf Seite 117 beschrieben.

• Wenn sie abgekühlt sind, halbiere ich sie waagerecht. Ich schlage die Sahne mit Zucker steif, fülle sie in einen Spritzbeutel mit gezackter Tülle und drapiere die Sahne auf die unteren Windbeutelhälften.

• Ich putze die Erdbeeren und dekoriere sie in die Sahne. Deckel drauf, ein wenig Puderzucker drüber – und fertig ist der Desserttraum!

• Rundherum gebe ich noch ein bisschen Erdbeercoulis. Dafür püriere ich 500 Gramm Erdbeeren sehr fein, süße das Püree mit Puderzucker und streiche es noch durch ein feines Haarsieb.

FÜR 8 PERSONEN • Foto Seite 40

Brandteig: Rezept Seite 117

Erdbeercoulis: 500 g Erdbeeren • 2–3 EL Puderzucker

Dekoration: 250 g Erdbeeren • 300 g Sahne • Puderzucker

VARIANTE: Eine tolle Füllung für die Windbeutel aus Brandteig ist auch die weiße Schokomousse vom Matcha-Biskuit (Rezept links), die natürlich auch solo ganz wunderbar schmeckt.

»Alkoholfrei und prickelnd wie ein Spritz«

Aperitif à l'Orange

Crodino ist ein alkoholfreier Bitter-Aperitif, der mir in den ersten schönen Sommertagen im Jahr immer viel Freude macht.

• Pro Glas mische ich einfach ein Fläschchen gut gekühlten Crodino mit zwei bis drei Eiswürfeln und einem guten Spritzer Zitronensaft. Und ein Schuss Sodawasser dazu. Ein herrlicher Genuss!

FÜR 4 GLÄSER • Foto Seite 17

4 Fläschen Crodino (à 100 ml; von Campari) • Eiswürfel • 1 Zitrone • Sodawasser

»Damit das Gelee wirklich schön grün wird, nehme ich Granny-Smith-Äpfel«

Basilikum-Apfel-Gelee mit Waldmeister-Zabaione

Für dieses leichte Dessert halbiere ich die Äpfel, entferne das Kerngehäuse und schneide das Fruchtfleisch in kleine Würfel.

• Das Basilikum wasche ich, schneide es – ohne die dicken Stiele – klein und gebe es zu den Apfelstücken in ein hohes Gefäß. Ich füge fünf Esslöffel Wasser dazu, den Saft einer halben Zitrone und den Zucker. Im Mixer püriere ich das Ganze auf höchster Stufe eine halbe Minute lang, damit alles wirklich fein ist.

• Inzwischen weiche ich die Gelatine ein, drücke sie aus und löse sie in einem Esslöffel heißem Wasser auf. Ich ziehe sie unter das Apfel-Basilikum-Püree und fülle sie dann in dekorative Gläser. Das Gelee lasse ich so rund eine Stunde im Kühlschrank durchkühlen.

• Für die Zabaione hacke ich den Waldmeister und koche ihn zusammen mit dem Weißwein und zwei Esslöffel Zucker in einem Topf etwa zwei bis drei Minuten lang. Ich passiere den Sud durchs Haarsieb und koche ihn dann auf etwa die Hälfte ein, das werden etwa 100 Milliliter.

• Ich gebe die Eigelb und den restlichen Zucker in einen Schlagkessel und schlage sie über dem heißen Wasserbad cremig. Dann gieße ich den Waldmeister-Wein-Sud dazu und schlage so lange mit dem Schneebesen weiter, bis ich einen leichten Cremeschaum erhalte.

• Nun setze ich den Schlagkessel auf eine Schüssel mit Eiswasser und schlage alles so lange kalt weiter, bis die Zabaione perfekt ist. Zum Schluss hebe ich die geschlagene Sahne darunter und fülle die Zabaione (oder den Sabayon, wie man in Frankreich sagt) aufs Gelee ins Glas. Jetzt heißt es nur noch: auskühlen lassen und genießen!

FÜR 4 GLÄSER • Foto Seite 41

Gelee: 2 Granny-Smith-Äpfel • 1 Bund Basilikum • ½ Zitrone • 4 TL Zucker • 3 Blatt weiße Gelatine

Zabaione: 1 Bund Waldmeister • 200 ml Weißwein (nicht zu trocken) • 4 EL Zucker • 4 Eigelb • 120 g Sahne

TIPP: Waldmeister gibt es immer nur für kurze Zeit. Sie können die Zabaione deshalb auch mit Basilikum machen. Und umgekehrt – wenn gerade Saison ist und Sie den Geschmack lieben – auch das Gelee und die Zabaione mit Waldmeister.

Bärlauch-Spinat-Timbale
Seite 12

Wolfsbarsch im Filoteig mit Currysoße
Seite 28

FRÜHLINGS-MENÜ

Das Geheimnis eines guten Menüs? Die einzelnen Gänge dürfen sich nicht gegenseitig die Show stehlen!

Und der Gastgeberin schon gar nicht! Natürlich ist es ganz wunderbar, wenn jeder Gang eines Menüs ein kleines Kunstwerk ist. Aber ehrlich: Sie würden ja auch nicht George Clooney und Brad Pitt gemeinsam einladen, oder? Ich finde immer, ein Highlight am Abend reicht, wenn man privat Gäste hat. Wer hat im normalen Leben schon die Zeit für tagelange Vorbereitungen? Und wer soll Sie eigentlich wieder einladen, wenn Sie Ihre Freunde immer mit zu großem Einsatz niederkochen? Also. Trotzdem darf alles besonders schön aussehen: der gedeckte Tisch, das geputzte Silber, die frisch polierten Weingläser, die gebügelten Servietten, die Blumen… Glauben Sie mir, Ihre Gäste spüren die Liebe, die Sie hineingesteckt haben. Und genießen den Abend mit Ihnen doppelt, wenn Sie die meiste Zeit dabeisitzen, weil das Menü so gut vorbereitet ist. Ich will ja nicht bluffen, aber manch ein Essen sieht komplizierter aus, als es ist. Suchen Sie sich aus, was machbar ist. Und denken Sie auch ein wenig über den Wein nach: Hier passen ein wirklich guter Chardonnay oder ein Grauburgunder ganz besonders, Sahne, Butter und Pilze lieben sie!

Putenragout
mit Morcheln
Seite 36

Gestreiftes
Parfait
mit Rhabarber-
kompott
Seite 42

ARBEITSPLAN FÜR DAS FRÜHLINGS-MENÜ

1 TAG VORHER:
- Parfait zubereiten und tiefkühlen.
Aber aufgepasst! Wenn Sie nicht genügend Platz fürs Parfait in einzelnen Gläsern im Tiefkühler haben, können Sie das Parfait auch in einer Kastenform zubereiten und dann zum Servieren in Scheiben schneiden. Denken Sie dran, das Parfait in jedem Fall rechtzeitig aus dem Tiefkühler zu holen, damit es leicht antauen kann!

3 STUNDEN VORHER:
- Morcheln einweichen und die anderen Zutaten fürs Ragout vorbereiten.

2 STUNDEN VORHER:
- Das Putenfleisch anbraten und das Ragout für den Backofen vorbereiten.
- Die Filoteig-Päckchen herstellen und das Gemüse für die Dekoration putzen und schneiden.
- Masse für die Timbale zubereiten und in die gebutterten Förmchen füllen. Abdecken und kalt stellen.
- Das Rhabarberkompott kochen.

1 STUNDE VORHER:
- Den Backofen für die Timbale vorheizen.
- Die Fettpfanne mit kochendem Wasser füllen und die Timbale garen.

30 MINUTEN VORHER:
- Das Ragout in den vorgeheizten Backofen schieben.
- Die Fischpäckchen braten und im Backofen warm halten.

15 MINUTEN VORHER:
- Die Pellkartoffeln als Beilage kochen. Nach dem Kochen in der Schale im geschlossenen Topf lassen.
- Die Teller für den Fisch warm stellen.
- Das Parfait aus dem Tiefkühler in den Kühlschrank stellen und das Kompott auf das Parfait geben.

DIE GÄSTE SIND DA:
- Timbale servieren.
- Fisch servieren.
- Putenragout servieren.
- Parfait servieren.

GUT VORBEREITET:
- Geschirrspülmaschine leeren.
- Mülleimer leeren.
- Gläser polieren.
- Tisch decken und dekorieren, auch an Blumen und Kerzen denken.
- Wein und Sekt temperieren.
- Mineralwasser bereitstellen.

SOMMER

»Herrlich, jetzt kann ich aus dem Vollen schöpfen! Unzählige Gemüse sind auf dem Markt, und auch alles Obst bekomme ich vor der Haustür. Ich liebe diese große Auswahl an reifen Früchten, so kann ich sie nach Lust und Laune aussuchen und ganz frisch verarbeiten. Zu keiner Zeit sind Tomaten aromatischer, Erbsen praller und Salate knackiger. Und Desserts? Da kommen meine geliebten Himbeeren zum Einsatz!«

VORSPEISEN

Tomatensalat auf Granny Smith *Seite 50*

Gourmetsalat à la Lea Linster *Seite 50*

VORSPEISEN

»Die Dekoration ist raffiniert: Tomatenkerne in Olivenöl eingelegt«

Tomatensalat auf Granny Smith

✻ Ich enthäute die Tomaten und viertele sie. Dann hole ich die Kerne heraus und fange sie auf! Ich gebe sie in ein Haarsieb, wasche sie unter fließendem Wasser und lege sie dann in drei Esslöffel feinstem Olivenöl ein. Dazu gebe ich Meersalz, Pfeffer aus der Mühle und einen Hauch Piment d'Espelette, mein Lieblingsgewürz.

• Ich wasche die Zucchini, schneide die Enden ab, würfele sie und sautiere die Zucchini dann in einer Pfanne mit dem restlichen Olivenöl. Ich gebe etwas Meersalz darüber und lasse die Zucchinistücke abkühlen. Ist das passiert, püriere ich sie kurz im Mixer zusammen mit dem frisch geriebenen Parmesan.

• Den Granny-Smith-Apfel wasche ich und schneide ihn dann in hauchdünne Scheiben. Das geht am besten mit einer Mandoline. Wenn Sie dieses Gerät nicht haben, nehmen Sie einen Gurkenhobel. Das Kerngehäuse lasse ich drin, sonst zerfällt mir der Apfel zu schnell.

• Die Apfelscheiben lege ich wie eine Rosette auf den Tellern aus. In die Mitte setze ich einen Ausstecher von sieben Zentimeter Durchmesser. Dort hinein gebe ich etwas Zucchinipüree, so dass die Tomaten darin stehen können. Ich stecke also die Tomatenviertel hinein und dekoriere mit ein paar Schnittlauchhalmen.

• Ich dekoriere mit feinen Röllchen von der Frühlingszwiebel, drapiere das Tomatenkernöl in Tupfern rundherum und kröne das Ganze noch mit etwas Fleur de Sel. Fertig ist der sommerliche Genuss.

FÜR 2 PERSONEN • *Foto Seite 48*

3 Tomaten (z. B. Roma) • 5 EL Olivenöl • Meersalz • Pfeffer aus der Mühle • etwas Piment d'Espelette • 1 Zucchini (ca. 250 g) • 2 EL Parmesan • 1 großer Granny-Smith-Apfel • 4 Schnittlauchhalme • 1 Frühlingszwiebel • Fleur de Sel

»Die Basis ist vegetarisch, das Topping wählen Sie ganz nach Ihrem Geschmack«

Gourmetsalat à la Lea Linster

Ehrlich gesagt: Meine Jungs in der Küche nennen ihn heimlich den »Franzosensalat«, weil er hauptsächlich von unseren Gästen aus Frankreich geordert wird. Er ist aber so lecker, dass er durchaus für alle Nationen geeignet ist!

• Die Avocados halbiere ich, löse den Kern heraus und hole die Hälften mit einem Esslöffel aus der Schale. Die Tomaten werden gewaschen, die Champignons geputzt. Avocados, Tomaten und Champignons schneide ich dann in sehr feine Scheiben.

• Die Rauke wasche ich und putze sie. Ich schneide alle feinen Stiele ab, sie sind so fisselig, dass man sie nicht mit der Gabel aufspießen kann. Ich schleudere die Rauke trocken, mache die Vinaigrette und mariniere die Rauke damit. Die Kräuter wasche ich, trockne sie und zupfe die Blättchen fein, den Schnittlauch schneide ich in Röllchen.

• Nun muss ich meinen Gourmetsalat schichten: Zuerst gebe ich Tomatenscheiben auf die Teller und würze mit Meersalz und Pfeffer aus der Mühle. Darauf schichte ich die Avocadoscheiben und setze dann die Rauke obendrauf. Zum Schluss verteile ich die Champignonscheibchen darüber.

• Das Salattürmchen garniere ich rundherum mit dem feinen Räucherlachs oder einem guten luftgetrockneten Schinken und ein paar Spänen Parmesan, die ich mit einem Sparschäler hauchdünn von einem ganzen Käsestück abgehobelt habe. Nun fehlen nur noch die Kräuter zum Glück und vielleicht ein paar Tropfen Vinaigrette.

FÜR 4 PERSONEN • *Foto Seite 49*

2 Avocados • 3 Tomaten (am liebsten Roma) • 100 g Champignons • 100 g Rauke • 1–2 Bund Kräuter (z. B. Kerbel, Schnittlauch und glatte Petersilie) • Meersalz • Pfeffer aus der Mühle • 200 g Räucherlachs oder luftgetrockneter Schinken • 50 g Parmesan

Vinaigrette: *2 EL Balsamico • 3 EL Olivenöl • ½ TL Honig • Meersalz • Pfeffer aus der Mühle*

»Ich empfehle Ihnen, nicht mit Fertigprodukten zu arbeiten. Natürlich können Sie mal vorgegarte rote Bete nehmen. Aber Kartoffelpüree aus der Packung? Es ist so schnell selbst gemacht und schmeckt sooo viel besser! Das gilt genauso für Salatsoße. Und trauen Sie sich bitte auch an die Mayonnaise!«

Leas Extratipp: Mayonnaise zubereiten. Sie verrührt dafür 2 Eigelb (frische!) mit 1 TL Senf und dem Saft von ½ Zitrone. Sie lässt 250 ml Erdnuss- oder Sonnenblumenöl in einem sehr dünnen Strahl (Foto unten) hineinlaufen und schlägt dabei immer weiter. Nun würzt Lea noch mit Meersalz und weißem Pfeffer aus der Mühle. Einfach und genial!

VORSPEISEN

»Ein Sommer ohne diesen Klassiker? Absolut undenkbar!«

Salade Niçoise – Nizzasalat

Ein bisschen Vorbereitung ist schon nötig, bevor Sie es sich mit diesem fantastischen Salat auf dem Balkon gemütlich machen können!

- Ich nehme gern einen kleinen, zarten Kopfsalat oder von einem größeren nur die inneren, zarten, hellgrünen Blätter. Die Salatblätter werden gewaschen und trocken geschleudert.

- Das Ei koche ich exakt sieben Minuten lang, lasse es einen Moment ruhen und schäle es dann. So ist es hart, hat eine schöne Farbe und lässt sich gut in Scheiben schneiden.

- Ich schäle die Paprika mit einem Sparschäler, halbiere sie dann und entferne die weißen Häute im Innern und die Kerne. Das Paprikafleisch schneide ich in feine Stäbchen.

- Eine Handvoll grüne Bohnen putze ich und gare sie etwa sieben Minuten in etwas Salzwasser. Oder ich dämpfe sie in einem Topf mit wenig Wasser und einem Dämpfeinsatz. Auf jeden Fall lasse ich sie in Eiswasser abkühlen, damit sie schön grün bleiben.

- Die Kartoffeln schäle ich und gare sie ebenfalls entweder in Salzwasser, oder ich dämpfe sie.

- Die rote Zwiebel ziehe ich ab und schneide sie, wie immer mit Liebe, in sehr feine Ringe.

- Die große schöne Tomate enthäute ich und schneide das Tomatenfleisch in feine Scheiben. Voilà.

- Nun muss ich nur noch den Tunfisch aus der Dose holen, abtropfen lassen und auseinanderzupfen. Bitte achten Sie beim Kauf darauf, dass Sie Tunfisch aus nachhaltiger Fischerei nehmen.

- Die Vinaigrette für meinen Salade Niçoise mache ich am liebsten mit Traubenkernöl. Alternativ geht Sonnenblumenöl. Wenn es Olivenöl sein soll, nehmen Sie ein leichtes, es darf nicht bitter schmecken.

- Den Salat richte ich in tiefen Tellern an: zuerst die Kopfsalatblätter, darauf die Tomaten- und die Ei-Scheiben. Darauf drapiere ich die Zwiebelringe und die schwarzen Oliven. Die Paprikastäbchen und die grünen Bohnen stecke ich dekorativ hinein. Zum Schluss gebe ich Tunfisch darauf und träufele die Vinaigrette darüber. Noch ein Blättchen Rauke als Dekoration – und der Südfrankreich-Genuss ist perfekt!

FÜR 2 PERSONEN • Foto rechts

1 Kopfsalat • 1 Ei • 1 rote Paprika • 100 g grüne Bohnen • Salz • 1–2 Kartoffeln (ca. 200 g) • 1 rote Zwiebel • 1 große Tomate • 1 Dose weißer Tunfisch in Öl (ca. 120 g) • 8 schwarze Oliven • etwas Rauke

Vinaigrette: *1–2 TL Rotwein-Essig • 1 EL Dijon-Senf • Meersalz • Pfeffer aus der Mühle • 3 EL Traubenkern- oder Sonnenblumenöl*

Leas Heimat: Luxemburg

Mitten im Ort Frisange, trotzdem ländlich: das Sternerestaurant »Léa Linster cuisinière«. Vom Speisesaal und der wundervoll gestalteten Terrasse, wo bei gutem Wetter Aperitif und Café gereicht werden, hat man einen schönen Blick ins Grüne. Eine wichtige Stütze für Lea Linster ist seit Jahren Dominique Simonnet. Der Pâtissier ist für die Dessertkreationen, Pralinen und Madeleines verantwortlich.

VORSPEISEN

»Schauen Sie, was der Markt an frischen Krustentieren zu bieten hat«

Sommersalat mit Kaisergranat

Ich nehme Kaisergranat, Kopf und Scheren der hummerähnlichen Tiere trenne ich ab und löse das Schwanzfleisch vorsichtig heraus. Lassen Sie das Schwanzende dran, das sieht schöner aus! Den schwarzen Darm am Rücken ziehe ich natürlich heraus.

• Für die Vinaigrette blanchiere ich den Knoblauch zweimal, gebe ihn also für jeweils zwei Minuten in kochendes Salzwasser und schrecke ihn in Eiswasser ab. So ist er mild ist und lässt sich leicht zerdrücken. Dazu gebe ich Salz und Pfeffer, Senf, Limettensaft und eine kleine Prise Zucker. Ich verrühre alles gut mit dem Öl. Wenn die Soße zu dick ist, einfach einen Schuss Wasser unterrühren.

• Dann halbiere ich die reife Avocado, löse den Stein heraus und ziehe die Schale ab. Die Avocadohälften schneide ich in Scheiben. Damit sie nicht braun werden, beträufele ich sie schnell mit etwas Limettensaft.

• Den Salat wasche ich in kaltem Wasser, putze ihn, schleudere ihn gut trocken. Große Blätter zupfe ich kleiner und richte dann pro Portion die Hälfte der Salatblätter und eine halbe Avocado auf Tellern an. Die Tomaten enthäute und entkerne ich und schneide das Tomatenfleisch in feine Würfelchen. Die streue ich über den Salat auf den Tellern.

• Die Kaisergranat lasse ich nur ganz kurz in der Pfanne mit Olivenöl ihre hübsche rosa Farbe annehmen und schalte die Hitze ab. Dann ruhen sie bloß noch zwei Minuten in der heißen Pfanne. Ich drapiere sie zum Salat. Etwas Salatsoße darüber, ein bisschen feines Meersalz, und dann kann sich die Sonne dazusetzen!

FÜR 2 PERSONEN • Foto rechts

6 Kaisergranat • 1 Avocado • ½ Limette • 200 g gemischte Salatblätter • 6 Cocktailtomaten • 1 TL Olivenöl

Vinaigrette: 1 Knoblauchzehe • Meersalz • Pfeffer aus der Mühle • 1 EL Dijon-Senf • 1 Limette • 1 Prise Zucker • 5 EL Olivenöl

VARIANTE: Auch ein Stück frischer gebratener Lachs schmeckt ganz prima zu diesem Salat.

WAS IST EIGENTLICH: KAISERGRANAT
Die Krustentiere werden auch als Langostinos oder Scampi verkauft. Das Muskelfleisch ist transparent. Wenn die Muskulatur bereits undurchsichtig weiß ist und/oder unangenehm riecht, ist der Kaisergranat nicht mehr frisch und sollte nicht verwendet werden!

»Besonders toll für heiße Tage – aber nicht ohne Kalorien…«

Kaltes Süppchen aus Melone, Gurke und Paprika

✻ Sie wissen ja, ich liebe Süppchen, weil sie den Magen so genial auf die weiteren Genüsse vorbereiten. Hier kommen die schöne Konsistenz und das samtige Mundgefühl durch feinstes Öl.

• Zuerst nehme ich eine reife Zuckermelone, die ich halbiere und entkerne. Das Fruchtfleisch löse ich aus der Schale und schneide es in grobe Stücke. Die Salatgurke schäle ich, hole die Kerne mit einem Esslöffel heraus und schneide das Gurkenfleisch ebenfalls in grobe Stücke. Die Paprikaschote putze ich, nehme die weißen Trennwände heraus und schneide die Paprika in Stücke.

• Alle Frucht- und Gemüsestücke gebe ich zusammen mit dem Apfelsaft und dem Zitronensaft in einen Mixer und mixe alles sehr gut durch, so dass keine Stückchen mehr vorhanden sind. Dann gieße ich das Öl dazu und mixe weiter, bis ich eine schöne glatte Konsistenz erreicht habe. Ich gebe Meersalz und eventuell etwas Zucker dazu und passiere das Süppchen durch ein feines Haarsieb. Voilà!

• Für die Einlage schäle ich den Spargel und schneide die Stangen schräg in mundgerechte Stücke oder schneide die gebürsteten Pilze in Scheibchen, schwenke Spargel oder Champignons kurz in Butter, streue den Zucker darüber und lasse sie kurz karamellisieren.

• Zum Schluss enthäute und entkerne ich eine kleine Tomate und schneide das Fruchtfleisch in feinste Würfelchen. Die Mandeln hacke ich klein und und röste sie kurz in einer kleinen Pfanne ohne Fett. Tomaten und Mandeln vermische ich.

• Zum Servieren fülle ich die Suppe in gekühlte Teller oder Schalen, gebe für jeden etwas vom Spargel oder den Champignons hinein und dressiere die Mandel-Tomaten-Brunoise und ein Kerbelblättchen obendrauf. Köstlich!

FÜR 4 PERSONEN • Foto rechts

1 Honigmelone • 1 Salatgurke • ½ grüne Paprikaschote • 100 ml Apfelsaft (naturtrüb) • ½ Zitrone • 100 ml Olivenöl • 50 ml Rapsöl • Meersalz • evtl. etwas Zucker

Einlage: 2 Stangen weißer Spargel oder 4 mittelgroße Champignons • 1 EL Butter • 1 TL Zucker • 1 Tomate • 20 g Mandeln ohne Haut • einige Kerbelblättchen

Fischfond kochen

Wenn Sie Krustentiere machen (zum Beispiel den Sommersalat von Seite 54), können Sie aus Schalen, Scheren und Kopf einen schnellen Fischfond kochen, oder Sie kaufen beim Fischhändler Karkassen.

So geht's: Sie braten die Karkassen einfach in Olivenöl an, geben etwas Weißwein und Wasser dazu, bis alles bedeckt ist, und lassen es dann 20 Minuten bei kleiner Hitze köcheln. Den Sud durchsieben und etwas einkochen lassen, Meersalz dazugeben und dann kochend heiß in Schraubdeckelgläser füllen. Ein wunderbarer Fond für Soßen und Risotto, der sich im Kühlschrank bis zu zwei Wochen hält.

HAUPTGERICHTE

Kalter Wolfsbarsch mit Triple *Seite 60*

Kartoffelrauten mit gebratenen Artischocken *Seite 60*

Hähnchenbrust auf Salat der Saison *Seite 61*

Glattbutt mit Kräuterseitlingen und Brunnenkressesoße *Seite 61*

HAUPTGERICHTE

»Der edle Fisch wird im Salzbett gegart – so bleibt er wunderbar saftig«

Kalter Wolfsbarsch mit Triple

Dem küchenfertigen Fisch lege ich ein paar Zweige Thymian in den Bauch. Das grobe Meersalz befeuchte ich mit etwas Wasser – wie beim Sandburgenbauen. Aufs Backblech gebe ich eine Salzschicht (etwa ein Zentimeter) und lege den Loup de Mer darauf. Das restliche Salz gebe ich auf den Fisch und drücke es vorsichtig an.

• Ich heize den Backofen auf 220 Grad Umluft vor, in diesem Fall ist Umluft am besten. Wenn der Fisch 15 Minuten im heißen Ofen war, schalte ich die Temperatur aus und lasse den Loup weitere rund zehn Minuten bei leicht geöffneter Backofentür ziehen. Danach breche ich den herrlichen Fisch aus der Salzkruste. Ich filetiere ihn, befreie ihn also von Haut und Gräten. So kommen die Filets in den Kühlschrank.

• Für die Soße wasche die Brunnenkresse, schneide die unteren Stiele ab, blanchiere die Blätter zwei bis drei Minuten in kochendem Salzwasser und kühle sie dann sofort in Eiswasser ab. Ich lasse sie abtropfen und püriere die Brunnenkresse im Mixer sehr fein, passiere sie durchs Sieb und schmecke mit Meersalz, Pfeffer aus der Mühle, Tabasco und einem Spritzer Zitrone ab. Die feine Soße montiere ich mit Olivenöl auf, am besten mit dem Stabmixer. Voilà.

• Für den Gemüsemix ziehe ich Zesten von der halben Zitrone, stelle sie beiseite. Ich schneide Zucchini und Champignons in feine Würfel. Die Tomaten enthäute und entkerne ich und würfele das Fleisch. Alles wird vermischt, darüber gebe ich die Soße aus Zitronensaft, Tabasco, Piment d'Espelette und Olivenöl. Ich schmecke mit Meersalz und Zucker ab, gieße die frische Soße über das Gemüse, hebe das fein gehackte Basilikum und die Zesten unter und dekoriere mit Rauke.

• Und ich liebe Mayonnaise dazu: Ich schlage Senf unter das Eigelb, gieße in feinem Strahl Öl zu und schlage dabei immer weiter. Ich hebe Apfel- und Zitronensaft, fein geschnittenen Estragon und Kerbel unter und schmecke mit Meersalz und einem Hauch Piment d'Espelette ab.

• Der Loup wird kühl mit dem Beilagen-Triple serviert. Dekorieren können Sie wie immer nach Lust und Laune.

FÜR 2 PERSONEN • Foto Seite 56

1 Wolfsbarsch (Loup de Mer; ca. 2 kg) • einige Thymianzweige • 2 kg grobes Meersalz

Soße: 1 Bund Brunnenkresse • Meersalz • Pfeffer aus der Mühle • etwas Tabasco • etwas Zitronensaft • 75 ml Olivenöl

Gemüsemix: ½ Zitrone • 1 Zucchini • 5 weiße Champignons • 2 Tomaten • Tabasco • Piment d'Espelette • Olivenöl • Meersalz • Zucker • 2 Basilikumzweige • 10 Raukeblättchen

Mayonnaise: ½ TL Dijon-Senf • 1 Eigelb • 100 ml Erdnussöl • 2 EL Apfelsaft • 1 Spritzer Zitronensaft • 2 Estragonzweige • 5 Kerbelzweige • Meersalz • etwas Piment d'Espelette

»Kleine Artischocken sind geniale Begleiterinnen«

Kartoffelrauten mit gebratenen Artischocken

✻ Die Artischocken putze ich und achtele sie, wobei ich ein bisschen Heu wegen der Optik dranlasse. Ich blanchiere die Artischockenachtel zwei Minuten in kochendem Salzwasser und lasse sie abtropfen.

• Inzwischen koche ich die Kartoffeln mit der Schale fast gar – das dauert wie üblich etwa 20 Minuten. Ich pelle sie, schneide sie in Rauten von etwa einem Zentimeter Dicke, die Seitenlängen sollen etwa acht Zentimeter betragen.

• Meine Kartoffelrauten lege ich in eine große beschichtete Pfanne, gieße den Orangensaft dazu, nicht zu sparsam: Ich brauche bestimmt 100 Milliliter dafür! Ich gebe Butterflöckchen obendrauf und lasse die Kartoffeln darin etwa fünf Minuten bei kleiner Hitze ziehen. Je nach Größe der Pfanne mache ich das auch in mehreren Portionen. Die Kartoffeln stelle ich warm.

• Nun bereite ich meine mediterrane Soße zu. Ich entsteine die Oliven und schneide sie in Stifte. Die mische ich mit den Kapern, drei Esslöffeln vom Olivenöl und dem Balsamico.

• Ich erhitze etwas Butter und das restliche Olivenöl und brate die Artischockenachtel darin kräftig an. Etwas Meersalz darüberstreuen – und fertig sind sie.

• Auf vorgewärmten Tellern drapiere ich die Kartoffelrauten und die Artischockenachtel und gebe die mediterrane Soße darüber. Zum Schluss träufele ich noch das emulgierte Orangensößchen aus der Pfanne darauf und garniere mit etwas Petersilie.

TIPP: Am besten, Sie gönnen sich ein Glas kalten Riesling von der Mosel dazu und genießen den Sommer!

FÜR 4 PERSONEN • Foto Seite 57

4 Baby-Artischocken • Salz • 4 große Kartoffeln (ca. 800 g) • 2–3 Orangen (mindestens 100 ml Saft) • 50 g Butter • 70 g schwarze Oliven • 2 EL Kapern in Öl • 5 EL Olivenöl • 2–3 EL Balsamico • Meersalz • 2 Stängel glatte Petersilie

HAUPTGERICHTE

»Mein Sohn Louis liebt diesen Salat, seine moderne Variante vom Geflügelsalat«

Hähnchenbrust auf Salat der Saison

Ich wasche den Römersalat, eine Handvoll frischen Spinat, die Radieschen und die Kräuter und dressiere zunächst die trocken getupften Römersalatblätter auf eine schöne Platte.

• Inzwischen bringe ich einen Topf mit Salzwasser zum Kochen und gebe die Zuckerschoten für nur zwei bis drei Minuten ins sprudelnde Wasser. Ich schrecke sie sofort in Eiswasser ab.

• Ich schäle eine große Zwiebel und schneide sie in sehr feine Würfel (»brunoise«). In einer Pfanne erhitze ich das Olivenöl und brate die Zwiebelwürfel darin goldbraun. Wenn sie fertig sind, fange ich sie in einem kleinen Sieb auf.

• In einer anderen Pfanne zerlasse ich eine gute Nuss Butter, lege gern einen Zweig Majoran oder Thymian und eine geschälte und halbierte Knoblauchzehe mit hinein. Ich salze die Hähnchenbrüste mit gutem Meersalz und brate sie so in der Butter. Zwischendrin begieße ich das Filet immer wieder mit der heißen Butter – Sie kennen das ja.

• Inzwischen hacke ich die Petersilie fein und schneide den Schnittlauch in kleine Röllchen. Die Radieschen schneide ich zuerst in dünne Scheiben und dann in Stifte.

• Auf die Römersalatblätter lege ich das fertig gebratene Hähnchenbrustfilet. Ich dekoriere alles mit den Radieschenstiften, den Zuckerschoten und den goldbraun gebratenen Zwiebelwürfelchen. Dann mache ich schnell noch ein bisschen Vinaigrette mit weißem Balsamico und Walnussöl, gebe etwas vom Bratensaft mit hinein und träufele ein bisschen von der feinen Soße über Salat und Filet. Ich verspreche Ihnen: ein Genuss, nicht nur für große Jungs!

FÜR 2 PERSONEN • Foto Seite 58

4 Blätter Römersalat • 200 g Babyspinat • 2 große Radieschen • einige Majoran- oder Thymianzweige • ½ Bund glatte Petersilie • ½ Bund Schnittlauch • Salz • 100 g Zuckerschoten • 1–2 Zwiebeln • 2 EL Olivenöl • 30 g Butter • 1 Knoblauchzehe • Meersalz • 2 Hähnchenbrüste (à 150 g)

Vinaigrette: *2 EL weißer Balsamico • Meersalz • etwas Dijon-Senf • 4 EL Walnuss- oder Sonnenblumenöl*

„Ein bisschen Arbeit, ein großer Effekt und noch viel mehr Genuss!"

Glattbutt mit Kräuterseitlingen und Brunnenkressesoße

Zuerst mache ich die Soße: Ich gebe die Butter in eine heiße Kasserolle und lasse sie aufschäumen. Dann ziehe ich sie gleich von der heißen Herdplatte, so dass die Butter schön bräunen kann. Diese Nussbutter gieße ich in eine Schale ab, aber ohne den braunen Bodensatz.

• Die Stiele der Brunnenkresse schneide ich weg, es sollen nur etwa zwei Zentimeter stehen bleiben. So blanchiere ich die Kresse, gebe sie also eine halbe Minute ins kochende Salzwasser und schrecke sie sofort in Eiswasser ab, etwa zwei Minuten.

• Die tropfnasse Brunnenkresse püriere ich in einem Mixer sehr fein. Nun brauche ich die Nussbutter: Sie wird unter das Brunnenkressepüree montiert. Das Verhältnis soll zwei Drittel Brunnenkresse zu einem Drittel Nussbutter sein. Die edle Brunnenkressesoße schmecke ich mit Meersalz ab und stelle sie erst einmal beiseite.

• Für die Fischkoteletts zerlasse ich eine gute Nuss Butter in einer Pfanne, brate sie von beiden Seiten schön an und gebe etwas Meersalz darüber. So lasse ich sie dann zehn Minuten mit Deckel ziehen.

• Ich putze die mittelgroßen Pilze und schneide sie in Scheiben. Die Schalotte ziehe ich ab und schneide sie in feine Würfelchen. In einer zweiten Pfanne brate ich die Schalottenwürfel mit dem ungeschälten Knoblauch, dem Thymian und den Pilzscheiben in etwas Butter oder Öl scharf an. Ich würze mit Fleur de Sel, also dem allerfeinsten Meersalz, und einem Hauch Pfeffer aus der Mühle.

• Auf vorgewärmten Tellern dekoriere ich den Fisch, die Pilze, den Knoblauch in Scheiben und die Brunnenkressesoße. Bon appétit!

DAZU: Wenn Sie mögen, essen Sie Salzkartoffeln dazu. Es schmeckt aber auch wunderbar mit knusprigem Baguette.

FÜR 2 PERSONEN • Foto Seite 59

2 Glattbuttkoteletts mit Haut (à ca. 200 g) • ca. 30 g Butter • Meersalz • 3 Kräuterseitlinge • 1 Schalotte • 2 Knoblauchzehen • 2 Thymianzweige • Fleur de Sel • Pfeffer aus der Mühle

Brunnenkressesoße: *100 g Butter • 150 g Brunnenkresse • Meersalz*

TIPP: Brunnenkresse hat nur eine kurze Saison. Glatte Petersilie, Basilikum oder Babyspinat sind eine gute Alternative für die Soße.

HAUPTGERICHTE

»Im Sommer darf's gern unkompliziert sein. Das Beste: Der Braten schmeckt heiß oder kalt!«

Schweinebraten mit geschmorten Zwiebeln und Radieschensalat

Der schöne magere Braten kommt aus dem Kotelett vom Schwein: Bitten Sie Ihren Fleischer, den Knochen auszulösen und die Schwarten abzutrennen – so ist das Fleischstück wunderbar zart und fettarm wie auf den Fotos. Ich spüle es kurz ab, tupfe es gut trocken und reibe es ordentlich mit Salz und Pfeffer ein.

• So brate ich das Kotelettstück rundherum in einer guten Nuss Butter an. Sie wissen ja, das gelingt am besten, wenn Sie beim Anbraten das Fleisch immer wieder mit der heißen Butter übergießen. Ich nehme ganz einfach einen Esslöffel dafür.

• Inzwischen heize ich den Backofen auf 170 Grad vor.

• Das braun angebratene Fleisch lege ich in einen Bräter, bestreiche es dick mit beiden Sorten Senf und streue die Rosmarinnadeln darüber. Von den Zwiebeln und den Knoblauchzehen ziehe ich die Schalen ab und schneide Zwiebeln und Knoblauch in dünne Scheiben. Den Thymian wasche ich und binde ein Sträußchen davon. Das alles kommt mit in den Bräter und auch noch ein kleiner Schluck Wasser – und für etwa eine Stunde ab damit in den heißen Ofen.

• Nun putze ich meine Radieschen und schneide sie in Viertel. Ich mische sie mit Salz, gebe Pfeffer aus der Mühle darüber, dann den Weißweinessig und das Traubenkernöl. Zum Schluss streue ich gern noch ein bisschen fein gehackte Petersilie darüber.

• Den feinen Schweinebraten lasse ich noch etwa zehn Minuten im ausgeschalteten Ofen, damit er noch ein bisschen nachgaren kann.

• Voilà, so ist der Braten perfekt! Wenn ich ihn heiß servieren will, wird er gleich in etwas dickere Scheiben geschnitten und mit den geschmorten Zwiebeln angerichtet. Dazu passen natürlich neue Kartoffeln ganz wunderbar.

• Das Gute an dem Braten ist, das er auch kalt ganz hervorragend schmeckt, dann schneide ich die Scheiben etwas dünner.

• Egal ob kalt oder warm genossen, immer gebe ich etwas Fleur de Sel darüber und serviere einen Radieschensalat dazu. Und gern natürlich ein schönes Glas Rosé, einen leichten Rotwein oder auch ein Bier.

FÜR 5–6 PERSONEN • Foto rechts

1 kg Schweinerückenbraten (Kotelett, ausgelöst) • Meersalz • Pfeffer aus der Mühle • 30 g Butter • 1 EL körniger Senf • 1 EL Dijon-Senf • 1 Zweig Rosmarin • 400 g Zwiebeln • 2 Knoblauchzehen • 1 Bund Thymian • Fleur de Sel

Radieschensalat: *2 Bund Radieschen • Meersalz • Pfeffer aus der Mühle • 2 EL Weißweinessig • 3 EL Traubenkernöl • etwas glatte Petersilie*

VARIANTE: Besonders gut passt der kalte Schweinebraten auch dünn geschnitten auf Sandwiches für ein sommerliches Picknick.

Leas Basics: Genauigkeit

Ob Möhren geschält werden oder Eier getrennt, ob Petersilie gehackt wird oder Fleisch gebraten, ob eine Soße montiert oder eine Orange filetiert – jeder Handgriff in der Sterneküche ist präzise, selbst wenn er zum tausendsten Mal ausgeführt wird. Lea Linster sagt: »Auch eine Zwiebel hat es verdient, mit Liebe geschnitten zu werden.« Natürlich hat ihr Chefkoch Sylvain Cousin das verinnerlicht.

Sommerlicher Eintopf mit Edelfischen *Seite 66*

Lammkeule mit zartem Gemüse *Seite 66*

HAUPTGERICHTE

»Die großartigen Zutaten bringen einen großartigen Geschmack«

Sommerlicher Eintopf mit Edelfischen

Den kalten Fischfond gieße ich in einen Topf. Ich viertele die Tomaten, gebe sie hinein und mixe sie mit dem Stabmixer unter.

• Die rohen Riesengarnelen hole ich aus der Schale, entferne den schwarzen Darm mit einem scharfen Meser und gebe die Schale zum Fond. Auch die Lauchzwiebel kommt mit hinein – so koche ich alles 15 Minuten bei kleiner Hitze. Ich gieße den Fond durchs Haarsieb und gebe ihn zurück in den Topf. Voilà.

• Das Gemüse muss zunächst gewaschen und geputzt werden. Den Staudensellerie schneide ich dann in feine Scheiben. Die Möhre und den Knollensellerie würfele ich fein.

• Inzwischen bringe ich einen Topf mit Salzwasser zum Kochen, um das Gemüse darin zu blanchieren. Ich koche es nur eine Minute im sprudelnden Wasser auf und schrecke es dann sofort in Eiswasser ab.

• Die Fischfilets teile ich in mundgerechte Stücke von etwa fünf mal fünf Zentimetern. Die Fischstücke, die Garnelen und die Nordseekrabben gebe ich zum heißen Fond und lasse sie etwa fünf Minuten darin ziehen. Ich schmecke mit Meersalz und etwas Piment d'Espelette ab, einem Gewürz, das ganz wunderbar zu Fisch passt.

• Nun fülle ich den Fisch und das blanchierte Gemüse auf vorgewärmte tiefe Teller, begieße alles mit dem heißen Fond und dekoriere mit Kerbelblättchen, Dillfähnchen und Brunnenkresseblättern.

DAZU: Wer mag, gibt noch ein Toast-Dreieck mit Rouille, der berühmten französischen Bouillabaisse-Soße, dazu.

FÜR 2 PERSONEN • Foto Seite 64

500 ml Fischfond, selbst gekocht (Rezept Seite 55) oder aus dem Glas • 4 Tomaten • 4 Riesengarnelen • 1 Lauchzwiebel • 1 Stange Staudensellerie • 1 Möhre • 100 g Knollensellerie • Meersalz • 80 g Seezungenfilet • 80 g Lachsfilet • 80 g Zanderfilet • 100 g Nordseekrabbenfleisch • etwas Piment d'Espelette • jeweils etwas Kerbel, Dill und Brunnenkresse

WAS IST EIGENTLICH: PIMENT D'ESPELETTE
Eine feine Chilisorte, die nur im französischen Baskenland angebaut wird. Sie hat eine interessante Schärfe und ist in Frankreichs Haute Cuisine unentbehrlich. Lea Linster liebt dieses Gewürz für Fleisch, Fisch und Gemüse, setzt es aber nur in homöopathischen Dosen ein. Sie bekommen es z. B. bei www.1001gewuerze.eu

---

»Zartes Lammfleisch ist zu jeder Jahreszeit ein vollendeter Genuss«

Lammkeule mit zartem Gemüse

Lassen Sie die kleine Lammkeule vom Fleischer vorbereiten: Der Knochen soll herausgelöst sein, nur noch das Gelenk bleibt dran.

• Ich salze und pfeffere die Keule und binde sie dann mit Küchengarn zusammen, so dass ich sie rundherum in ordentlich viel Butter anbraten kann. Dafür nehme ich lieber eine große tiefe Pfanne als einen Bräter, weil ich dann mehr Platz zum Wenden des Fleisches habe.

• Die Thymianzweige gebe ich mit hinein. Die Knoblauchknolle halbiere ich einfach quer und drücke die Zehen heraus, damit der Knoblauch überall in der Butter verteilt ist. Sie wissen ja, beim Anbraten schöpfe ich die Butter immer wieder mit einem Esslöffel über das Fleisch, so hat es während des Garens eine gleichmäßige Temperatur. Das Ganze dauert mindestens 20 Minuten.

• Den Backofen heize ich auf 180 Grad vor. Ich gare die Lammkeule etwa 40 bis 50 Minuten im heißen Ofen, das Ganze ohne Deckel. Dann schalte ich den Herd aus, bedecke Pfanne oder Bräter mit Alufolie und lasse das Fleisch bei offener Backofentür noch einmal 20 Minuten ruhen. Nach dieser Zeit ist das Fleisch rosa gebraten, wenn Sie es weiter durch möchten, geben Sie bitte entsprechend Zeit dazu.

• Inzwischen bereite ich das Gemüse zu: Ich schäle die Spargelstangen, schneide sie schräg in etwa fünf Zentimeter lange Stücke und blanchiere sie drei Minuten lang in sprudelndem Salzwasser. Wie gewohnt schrecke ich sie sofort kurz in Eiswasser ab.

• Die Möhren werden genauso blanchiert und abgeschreckt. Die jungen Erbsen lasse ich in ihren Schoten, blanchiere sie drei Minuten und gebe sie kurz ins Eiswasser. Die Kirschtomaten werden nur halbiert.

• In einer Pfanne erhitze ich nun das Olivenöl – wie immer soll es von exzellenter Qualität sein. Ich gebe alles Gemüse hinein und sautiere es kurz darin. Es wird nur mit etwas Meersalz gewürzt.

• Wenn jetzt auch die Lammkeule schön ausgeruht ist, nehme ich sie aus dem Bräter. Der ausgelaufene Fleischsaft ist so wunderbar im Geschmack, dass er mir als Soße vollkommen ausreicht. Zum Servieren wärme ich die Teller gut vor. Ich dekoriere mein feines Gemüse auf die Teller und außerdem zwei Scheiben von der herrlichen Lammkeule, ein paar Löffel vom Bratensaft und etwas Petersilie. Genießen Sie's jetzt im Sommer gern mit einem Rosé.

FÜR 4 PERSONEN • Foto Seite 65

1 Lammkeule (bis 1,5 kg) • Meersalz • Pfeffer aus der Mühle • 100 g Butter • 3 Thymianzweige • 1 Knoblauchknolle

Gemüsebeilage: *4 Stangen weißer Spargel • Salz • 1 Bund Möhren • 200 g Erbsen (mit Schote) • 8 Kirschtomaten • 3 EL Olivenöl • Meersalz • etwas glatte Petersilie*

»Ich finde, Gastlichkeit bedeutet immer auch, gute Laune zu verbreiten. Wer in ein Restaurant kommt, möchte doch umsorgt und aufgeheitert werden und nicht etwa von oben herab behandelt. Deshalb geht es auch in meinem Sternerestaurant in Frisange heiter und gelassen zu, da muss niemand Angst vor einem steifen Service haben. Wenn Sie es lieber einfacher mögen, sind Sie in meinem ›Pavillon Madeleine‹ im benachbarten Kayl richtig.«

Leas Extratipp:
Beim Bummel durch Luxemburg finden Sie jetzt die Boutique »Léa Linster Delicatessen« im Herzen der Hauptstadt, direkt beim Palast des Erzherzogs. Adressen Seite 160

»Ein Glas von meinem gut gekühlten Crémant auf der Terrasse in Frisange zu genießen ist für mich fast wie ein Tag Urlaub!«

Stubenküken mit Sommergemüse Seite 72

Calamari-Risotto *Seite 72*

Gemüse-Tempura mit Apfel-Meerrettich-Dip *Seite 73*

HAUPTGERICHTE

»Diese jungen Hühnchen haben ganz besonders zartes Fleisch«

Stubenküken mit Sommergemüse

Die Stubenküken spüle ich, auch von innen, ab. Ich tupfe sie mit Küchenpapier trocken und stecke ihnen jeweils eine halbe ungeschälte Zitrone und ein Sträußchen Thymian in den Bauch. Dann binde ich die Beine zusammen, so dass sie fest anliegen.

• Den Backofen heize auf 190 Grad vor. Ich brate die Stubenküken jetzt rundherum in der Butter gut an, salze sie und lösche mit etwas Hühnerfond ab. Ich gebe die Stubenküken für etwa 20 Minuten in den heißen Backofen. Alle fünf Minuten begieße ich sie mit dem Fond.

• Inzwischen putze ich das Gemüse. Zucchini und Möhre schneide ich dann in Stäbchen. Die Zuckerschoten wasche ich. Ich blanchiere das Gemüse dann zwei Minuten in sprudelnd kochendem Salzwasser und schrecke es sofort in Eiswasser ab.

• Ich erwärme dann die Butter mit 75 Milliliter Wasser, Meersalz und einer Prise Zucker, so dass ich eine kleine Emulsion erhalte. Darin schwenke ich alles Gemüse und erwärme es so.

• Die Stubenküken nehme ich aus dem Backofen und lasse sie noch einen Moment ruhen, damit sie abtropfen können. Ich serviere alles auf einer vorgewärmten Platte. Genießen Sie den puren Geschmack!

FÜR 2 PERSONEN • Foto Seite 69

2 Stubenküken (à ca. 350 g) • 1 Bio-Zitrone • 1 Bund Thymian • 3 EL Butter • Meersalz • 150 ml Hühnerfond (Rezept Seite 35)

Sommergemüse: 1 mittelgroße Zucchini (ca. 200 g) • 1 mittelgroße Möhre • 75 g Zuckerschoten • Meersalz • 2 EL Butter • 1 Prise Zucker

GUT ZU WISSEN: PIQUILLOS
Piquillos sind mild-scharfe Paprika, die es in Öl eingelegt zu kaufen gibt. Wenn Sie keine Dosen-Piquillos bekommen, nehmen Sie rote Spitzpaprika. Die waschen Sie, trocknen sie mit Küchenpapier und geben sie bei 200 Grad für mindestens 20 Minuten in den Backofen. Einfach im Ganzen aufs Backblech legen, so garen sie im eigenen Saft. Die Haut wird zum Teil schwarz, das ist okay. Sie werden nur noch enthäutet, entkernt und dann verarbeitet wie fertige Piquillo-Filets.

»Das Geheimnis: Die Calamari müssen richtig scharf angebraten werden«

Calamari-Risotto

Zuerst muss ich die Calamari kalt abspülen, wirklich sehr gründlich reinigen und von allen Häutchen befreien. Die Fangarme und die Flossen schneide ich ab und lege sie beiseite. Die Tuben schneide ich in Ringe. Die Fangarme und die Flossen schneide ich dann in ganz feine Würfelchen und auch die Hälfte der Calamari-Tuben.

• Die Piquillos, die gegrillten und in Öl eingelegten roten Paprikaschoten, lasse ich abtropfen und würfele sie fein. Die Zwiebel ziehe ich ab und schneide sie ebenfalls in feinste Würfelchen.

• Ich erhitze Öl und brate die klein geschnittenen Calamari-Stücke scharf darin an. Dann gebe ich die Piquillo- und Zwiebelwürfelchen hinein, nehme vorher nur ein bisschen für die Dekoration ab und stelle sie beiseite. Auch die abgezogene und zerdrückte Knoblauchzehe kommt mit in die Pfanne.

• Den Risotto-Reis spüle ich ab, bis das Wasser klar aus dem Sieb läuft, und gebe ihn dazu. Ich gieße den Rotwein an, er soll verdampfen.

• Dann gebe ich den heißen Hühnerfond nach und nach zu, lasse ihn wie gewohnt immer wieder einkochen. Bis das Risotto gar ist, dauert es etwa 20 Minuten. Sie wissen ja: Sie müssen unbedingt dabeistehen, das Risotto immer wieder schön umrühren und eventuell auch noch etwas mehr Flüssigkeit nachgießen!

• Wenn das Risotto perfekt ist, rühre ich die Sepia-Tinte unter. Wenn Sie das nicht mögen, lassen Sie sie einfach weg – das Risotto schmeckt auch ohne. Ich runde mit Piment d'Espelette, Meersalz und gern auch einem Spritzer Tabasco ab.

• Inzwischen salze ich die restlichen Calamari-Ringe und brate sie in einer Pfanne scharf an, außerdem die beiseite gestellten Piquillo- und Zwiebelwürfel, eventuell auch noch etwas Knoblauch. Ich hacke die Petersilie und hebe sie unter.

• Zum Schluss schmecke ich mit ein bisschen Zitronensaft ab und fülle das Risotto in tiefe Teller. Die Calamari-Ringe drapiere ich obendrauf und garniere jede Portion eventuell noch mit einem Petersilienblatt, das ich in Öl frittiert habe.

FÜR 3 PERSONEN • Foto Seite 70

500 g Calamari (küchenfertig) • 100 g Piquillos (Dose) oder 4 rote Spitzpaprika (Tipp links) • 1 Zwiebel • 3 EL Olivenöl • 1 Knoblauchzehe • 150 g Risotto-Reis (z. B. Carnaroli) • 250 ml Rotwein • 500 ml Hühnerfond • evtl. 1 TL Sepia-Tinte • etwas Piment d'Espelette • Meersalz • etwas Tabasco • 1 Bund Petersilie • etwas Zitronensaft

HAUPTGERICHTE

»Eine besonders raffinierte Art, Gemüse zu genießen!«

Gemüse-Tempura mit Apfel-Meerrettich-Dip

✻ Ich putze die Zuchini, die Möhren und die Frühlingszwiebeln und schneide das Gemüse in Stifte, die sollen acht Zentimeter lang und etwa einen Zentimeter breit sein. Von den Zuckerschoten und den Bohnen schneide ich nur die Enden ab.

• Alles Gemüse blanchiere ich nacheinander in sprudelnd kochendem Salzwasser. Zucchini, Zuckerschoten und Frühlingszwiebeln zwei Minuten, die Möhren und die Bohnen drei Minuten. Wie üblich wird alles hinterher kurz in Eiswasser abgeschreckt. Das Gemüse lege ich dann zum Trocknen auf ein sauberes Küchentuch.

• Für den Tempura-Teig vermische ich das Tempura-Mehl mit etwa 250 Milliliter eiskaltem Wasser. Ich rühre Meersalz, Pfeffer aus der Mühle und Piment d'Espelette unter den dickflüssigen Teig. Fertig!

• Das Frittieröl gieße ich in einen Topf und erhitze es. Es soll 170 Grad heiß werden. Die richtige Temperatur ist einfach zu erkennen: Wenn an einem eingetauchten Holzlöffelstiel kleine Bläschen aufsteigen, ist sie erreicht.

• Das Gemüse tupfe ich mit dem Tuch vorsichtig trocken und ziehe es dann einzeln durch den Teig. Ich frittiere es portionsweise, etwa vier Minuten, lasse es kurz auf Küchenpapier abtropfen und serviere es möglichst sofort. Zur Not halte ich die fertigen Gemüsestifte, Zuckerschoten und Bohnen im Backofen bei 100 Grad warm.

• Für den Dip wasche ich den Apfel, viertele ihn und schneide das Kerngehäuse heraus. Ich schneide ihn in Stückchen und gebe ihn zusammen mit der sauren Sahne in den Mixer, wo alles sehr fein püriert wird. Ich reibe den Meerrettich hinein und passiere dann alles gern noch einmal durchs Haarsieb. Zum Schluss schmecke ich mit Limettensaft, Meersalz, Pfeffer aus der Mühle und einer Prise Zucker ab und genieße das knusprige Gemüse mit dem köstlichen Dip.

FÜR 2–3 PERSONEN • *Foto Seite 71*

Tempura-Gemüse: *1 Zucchini • 2 Möhren • 1 Bund Frühlingszwiebeln • 20 Zuckerschoten • 20 grüne Bohnen • Salz • 280 g Tempura-Mehl (Asia-Laden; ersatzweise 90 g Mehl und 90 g Speisestärke) • Meersalz • Pfeffer aus der Mühle • Piment d'Espelette • 1 l neutrales Öl zum Frittieren*

Dip: *1 Granny-Smith-Apfel • 200 g saure Sahne • 1 kleines Stück Meerrettich (alternativ geriebenen aus dem Glas) • 1 Limette • Meersalz • Pfeffer aus der Mühle • etwas Zucker*

»Tamarinde gibt dem Couscous einen feinen säuerlichen Touch«

Gemüse-Couscous mit frittierten Zwiebelringen

✻ Erst einmal bereite ich das ganze Gemüse vor. Alle Paprika putze ich und schneide sie in Würfel, ebenfalls die Zucchini und die Aubergine. Das Gemüse dünste ich kurz in Olivenöl an und würze es mit der Tamarindenpaste und etwas Meersalz.

• Die Kichererbsen lasse ich abtropfen, und die Korinthen übergieße ich am liebsten mit dem frisch ausgepressten Grapefruitsaft.

• Nun gebe ich Couscous in eine Schüssel und begieße ihn mit etwa 700 Milliliter kochend heißem Salzwasser. Ich lockere ihn mit einer Gabel auf, mische die Korinthen mit dem Saft und das Gemüse darunter. Ich würze mit Ras el Hanout, etwas Zitronensaft und Meersalz.

• Die Krönung sind die Zwiebelringe von einer kleinen Gemüsezwiebel. Die Ringe wende ich kurz in Mehl, frittiere sie in mehreren Portionen im heißen Öl und lasse sie auf Küchenpapier abtropfen. Auch die Salbeiblättchen frittiere ich und dekoriere beides auf meinen Couscous.

FÜR 4 PERSONEN • *Foto unten*

je 1 rote, grüne und gelbe Paprikaschote • 1 Zucchini (ca. 250 g) • 1 Aubergine (ca. 250 g) • 2 EL Olivenöl • 1–2 EL Tamarindenpaste • Meersalz • 200 g Kichererbsen (gegart; Dose) • 3 EL Korinthen • 1–2 Grapefruits (150 ml Saft) • 300 g Instant-Couscous • Ras el Hanout • etwas Zitronensaft

Topping: *1 Gemüsezwiebel • 3 EL Mehl • neutrales Öl zum Frittieren • 4 Salbeiblätter*

Leas Tricks: Gewürze

Lea Linster arbeitet kaum mit exotischen Gewürzen. Oft nimmt sie einen Hauch Piment d'Espelette (Seite 66). Und hier ist es einmal das klassisch marokkanische Ras el Hanout. Gibt's z. B. bei www.1001gewuerze.eu

Zum Couscous, zum Stubenküken von Seite 72 und zu Scharfem passt ein Vollmilchjoghurt, mit etwas Meersalz und frischer Minze verrührt.

HAUPTGERICHTE

»Es zeigt sich immer wieder: Es geht nichts über selbst gemachten Nudelteig!«

Agnolotti mit Jakobsmuschel-Füllung

Zuerst verknete ich die Eier und das Pasta-Mehl zu einem geschmeidigen Nudelteig, den ich unter einer vorgewärmten Schüssel eine halbe Stunde ruhen lasse.

• Inzwischen bereite ich meine Füllung zu: Die Champignons bürste ich mit einem Pilzbürstchen ab oder reibe sie kurz mit Küchenpapier ab. Sandige Füßchen schneide ich ab und schneide die Pilze dann zuerst in feine Streifen (»julienne«), dann in Würfelchen (»brunoise«).

• Ich zerlasse die Butter in einer kleinen Pfanne und brate die Champignonwürfelchen darin so lange, bis sie keine Flüssigkeit mehr abgeben. Ich würze mit etwas Meersalz und ein paar Chiliflocken. Die Bio-Zitrone wasche ich heiß ab und ziehe ein paar Zesten aus der Schale, die ich ebenfalls unter die Pilzmischung hebe.

• Die Jakobsmuscheln wasche ich kurz kalt ab, tupfe sie mit Küchenpapier gut trocken und schneide sie in feine Würfelchen.

• Die Jakobsmuschel-Würfelchen hebe ich unter die Champignons – fertig ist meine Füllung für die Teigtaschen. Wer mag, kann noch das Eigelb unterziehen, das beim Trennen des Eies übrig bleibt.

• Nun gebe ich den Nudelteig immer wieder durch die Nudelmaschine, bis ich schöne dünne Nudelbahnen habe. Die Bahnen schneide ich zu Quadraten von etwa 10 x 10 Zentimetern, also auf doppeltes Handyformat. Auf die eine Hälfte kommt ein guter Esslöffel von der Füllung.

• Die Ränder der Quadrate bestreiche ich mit dem Eiweiß, damit sie besser kleben. Das geht am besten mit einem Backpinsel.

• Dann klappe ich die Teigquadrate so zusammen, dass ich gefüllte Rechtecke bekomme – Agnolotti! Die Ränder meiner Agnolotti drücke ich mit den Zinken einer Gabel gut aneinander.

• Ich lege die fertigen Teigtaschen zunächst einzeln auf ein bemehltes Leinentuch, damit sie nicht aneinanderkleben.

• Wenn alle Agnolotti fertig sind, koche ich sie in reichlich Salzwasser etwa acht Minuten gar. Aufgepasst: Lassen Sie das Wasser bitte nicht zu sehr sprudeln und kochen Sie lieber nicht alle auf einmal, sonst kleben sie womöglich zusammen! Besser also, sie in Portionen zu kochen und sie zum Schluss alle noch mal zusammen zu erwärmen.

• Ich lasse die feinen Agnolotti kurz abtropfen. Inzwischen bräune ich die Butter in einer heißen Pfanne und gebe sie über die Agnolotti, die ich auf gut vorgewärmten Tellern serviere. Genießen Sie's mit etwas fein gehackter Petersilie und ein paar Parmesanspänen darüber!

FÜR 3 PERSONEN • *Foto rechts*

Pasta-Teig: 3 Eier • 300 g Pasta-Mehl (z. B. von De Cecco) • etwas Mehl zum Verarbeiten • 1 kleines Eiweiß • Salz

Füllung: 300 g braune Champignons • 30 g Butter • Meersalz • Chiliflocken • 1 Bio-Zitrone • 10 Jakobsmuscheln (ohne Corail)

Soße: 50 g Butter • 3 Stängel glatte Petersilie • etwas Parmesan zum Bestreuen

Leas Tricks: Handwerkszeug

Nicht nur die Qualität der Lebensmittel spielt eine Rolle. Gute Töpfe und Pfannen sind ebenso unentbehrlich wie wirklich scharfe Messer. Aber braucht man einen Maschinenpark? Ein Stabmixer und ein Handrührgerät gehören auf jeden Fall in die Küche. Eine Küchenmaschine ist für viele Arbeiten nützlich. Eine Nudelmaschine (oder der Aufsatz zur Küchenmaschine) für alle gut, die ihre Pasta gern selbst machen.

SÜSSES

Himbeersorbet mit leichtem Häubchen *Seite 80*

Fruchtsalat »Sommertraum« *Seite 80*

Knusperhippen mit Himbeeren und Mascarponecreme *Seite 81*

Schokoladen-Millefeuille *Seite 81*

SÜSSES

*»Einfacher geht es nicht.
Und köstlicher auch kaum«*

Himbeersorbet mit leichtem Häubchen

Wenn ich Fruchtsorbets mache, nehme ich immer 500 Gramm Früchte und etwa 100 Gramm Puderzucker und den Saft von einer halben Zitrone dazu. So bin ich auf der sicheren Seite: Es gelingt immer perfekt.

• Ich püriere die Himbeeren mit dem Puderzucker und dem Zitronensaft und passiere den Saft dann durch ein Haarsieb, um die Kerne aufzufangen. Heraus kommen knapp 500 Milliliter Sorbetmasse – mehr passt auch nicht in eine herkömmliche Eismaschine. Die Masse gebe ich in die Eismaschine – nach 30 bis 40 Minuten ist das wunderbar geschmeidige Sorbet fertig. Am allerbesten schmeckt es mir, wenn es sofort gegessen wird. Sie können es aber auch in einer gut verschlossenen Plastikdose im Tiefkühler aufbewahren.

• Inzwischen kümmere ich mich um die Haube. Dafür zerdrücke ich die Himbeeren mit einer Gabel und streiche sie durch ein feines Sieb. Das Püree – es sind etwa zwei Esslöffel – stelle ich erst einmal kalt.

• Die Sahne für die Haube schlage ich mit dem Puderzucker und ein bisschen Zitronensaft richtig steif. Das geht am besten mit Konditorsahne! Darunter hebe ich das feine Himbeerpüree. Die rosa Sahne fülle ich dann in einen Spritzbeutel mit gezackter Tülle und bekomme so eine wunderbare Dekoration.

• Das Ganze kröne ich gern mit ein paar kandierten Veilchenblüten, die ergänzen das Himbeerdessert perfekt.

FÜR 4 PERSONEN • Foto Seite 76

500 g Himbeeren • 100 g Puderzucker • ½ Zitrone

Himbeer-Sahne-Häubchen: 125 g Himbeeren (2 EL Püree ohne Körner) • 125 g Konditor-Sahne (35 % Fett) • 1 EL Puderzucker • ½ Zitrone

Dekoration: einige kandierte Veilchenblüten

GUT ZU WISSEN: VANILLEZUCKER SELBST GEMACHT

Das geht ganz einfach: Sie schneiden eine leicht angetrocknete Vanilleschote in Stücke und zerkleinern sie fein im Blitzhacker zusammen mit drei Esslöffel Zucker – fertig ist Leas aromatischer Vanillezucker.

*»Was gibt es Schöneres, als nach einem
Essen unter freiem Himmel
noch ein bisschen Obst zu naschen?«*

Fruchtsalat »Sommertraum«

Dies ist eigentlich kein Rezept, sondern eine Anregung, wie einfach es sein kann, ein bisschen Sommerfrische auf den Teller zu bringen. Wichtig ist die Qualität des Obstes. Perfekt gereift und am liebsten in Bio-Qualität sollte es sein.

• Ich habe für meinen Obstteller alles Obst gewaschen und geputzt. Am liebsten mag ich rotschalige Bio-Äpfel der Sorte Topaz, Baby-Ananas, Erdbeeren, Himbeeren, Grapefruit- und Orangenfilets, Mango und Pfirsiche. Ich schneide das Obst dann in feine mundgerechte Stücke, träufele etwas Limettensaft darüber – und fertig ist mein sommerliches Traumdessert.

TIPP: Dazu schmeckt Mascarponecreme (Rezept Seite 117) oder einfach nur geschlagene Sahne oder auch ein schönes Vanilleeis.

FÜR 4 PERSONEN • Foto Seite 77

800 g gemischtes Obst, am liebsten in Bio-Qualität (z. B. Äpfel, Ananas, Erdbeeren, Himbeeren, Grapefruits, Orangen, Mangos, Pfirsiche) • 2 Bio-Limetten

SÜSSES

»Ein himmlisches Dessert, die Hippen aber brauchen ein bisschen Übung«

Knusperhippen mit Himbeeren und Mascarponecreme

• Für die Hippen schlage ich Eiweiß und Zucker zu einem festen Eischnee, hebe das Mehl löffelweise unter und rühre die geschmolzene Butter hinein. Die Schale einer halben Bio-Orange reibe ich hinein und stelle den Teig ein bis zwei Stunden kühl, damit er schön fest wird.

• Nun lege ich ein Backblech mit Backpapier aus und bestreiche es mit etwas kalter Butter. Ich gebe einen Esslöffel der Teigmasse auf das gefettete Backpapier und streiche sie zu einer ganz flachen Galette von etwa zehn Zentimeter Durchmesser. Besonders gut geht es mit einer Silikon-Backmatte. Daneben streiche ich noch eine Galette aus, aber nie mehr, sonst klappt es nachher mit der Hippe nicht!

• Die Galettes kommen immer für fünf Minuten bei 180 Grad in den heißen Backofen auf die mittlere Schiene, danach sind sie wunderbar hellbraun gebacken. Ich empfehle Ihnen, dabei stehenzubleiben und alles gut zu beobachten!

• Noch im Ofen hebe ich die Galettes einzeln mit einer dünnen Kuchenpalette vorsichtig ab – das muss ruck, zuck gehen! Ich stülpe sie heiß über ein kleines Glas, so dass ich eine schöne Hippenform bekomme. Das braucht Geschick – probieren Sie es einfach aus. Ich drehe das Glas um und stelle die Hippe mit dem Glas obendrauf zum Abkühlen auf ein Blech.

• Inzwischen mache ich die Creme für die Füllung. Ich schlage die beiden Eiweiß mit dem Zucker steif. In einer zweiten Rührschüssel schlage ich die Sahne, aber nicht ganz steif. Ich rühre den Mascarpone mit dem Zitronen- und dem Orangensaft glatt, das gibt eine schöne sommerliche Frische, ziehe die Schlagsahne unter, dann das Eiweiß.

• Jetzt fülle ich die Hippen: Dafür zerdrücke ich die Himbeeren mit einer Gabel zu Mark. Die Mascarponemasse fülle ich in einen Spritzbeutel mit einer gezackten Tülle. Zuerst gebe ich einen kleinen Klecks auf den Teller und setze die Hippe darauf, damit sie stehen bleibt. In die Hippen gebe ich zuerst einen Klacks Creme, darauf ein bis zwei Teelöffel Himbeermark und spritze dann die Mascarponecreme darauf.

• Ich dekoriere mit gehackten Pistazien und ganzen Himbeeren, die ich gern noch in ein wenig Zuckersirup tauche, damit sie glänzen.

FÜR 4 PERSONEN • Foto Seite 78

Füllung: 2 Eiweiß • 50 g Zucker • 100 g Sahne • 125 g Mascarpone • etwas Zitronensaft • etwas Orangensaft • 200 g Himbeeren

Hippen: 2 große Eiweiß • 80 g Zucker • 40 g Mehl • 65 g Butter • ½ Bio-Orange • etwas kalte Butter zum Einfetten

Dekoration: 20 g Pistazienkerne • 200 g Himbeeren • evtl. etwas Zuckersirup (Rezept Bananensalat Seite 154)

»Der Schoko-Blätterteig lässt sich aus fertigem Tiefkühl-Teig machen«

Schokoladen-Millefeuille

Ein kompliziertes Dessert: Mein Chef-Pâtissier Dominique backt den Blätterteig selbst. Hier kommt meine Version für den Hausgebrauch!

• Die Blätterteigplatten lasse ich nebeneinander auf einer leicht bemehlten Arbeitsfläche antauen. Ich bestäube sie dünn mit Kakaopulver und lege sie aufeinander. Die obere Platte ist nur ganz leicht bestäubt.

• Nun rolle ich den Teig auf eine Größe von etwa 30 x 40 Zentimetern aus und schneide ihn in etwa 24 Rechtecke von etwa 4 x 10 Zentimetern. Die steche ich mit einer Gabel mehrmals ein, damit der Teig beim Backen nicht zu hoch geht, und bestreue sie mit etwas Zucker.

• Ich heize den Backofen auf 220 Grad vor. Die Blätterteigplättchen kommen auf ein Backblech, das ich mit Backpapier ausgelegt habe, und werden so in knapp zehn Minuten knusprig gebacken.

• Für die schokoladige Crème pâtissière zerbröckele ich die Schokolade und koche sie mit der Milch kurz auf. Ich verrühre die Eigelb mit dem Zucker und dem Puddingpulver. Die kochende Milch gebe ich in die Eigelbmasse und verrühre alles gut. Zurück in den Topf damit und alles auf kleiner Flamme bis kurz vorm Kochen erhitzen. Die Masse ist sehr dick. Aufgepasst: Sie kann leicht anbrennen! Ich bedecke die fertige Crème mit Frischhaltefolie und lasse sie abkühlen.

• Vor dem Servieren rühre ich die Crème mit dem Handrührer schön glatt, das ist wichtig, falls sich eine Haut gebildet hat. Ich ziehe die geschlagene Sahne unter und setze das Millefeuille zusammen: erst ein Plättchen Blätterteig, dann Schoko-Crème, die ich mit dem Spritzbeutel auftrage, dann Blätterteig und noch eine Schicht Crème. Weniger üppig wird's und reicht für mehr Gäste, wenn Sie nur zwei Platten aufeinandersetzen! Auf das obere Plättchen gebe ich Schlagsahne-Tupfer und dekoriere mit zart geraspelter Schokolade. An den Rand gebe ich gern noch ein paar Himbeeren, die ich mit der Gabel zerdrücke.

FÜR 8 PERSONEN • Foto Seite 79

300 g TK-Blätterteig (4 Scheiben) • etwas Mehl für die Arbeitsplatte • 3 EL Kakaopulver • 2 EL Zucker • 150 g Sahne

Crème pâtissière choco: 50 g dunkle Schokolade (Kakaoanteil nach Geschmack) • ¼ l Milch • 3 Eigelb • 50 g Zucker • 1 Päckchen Schoko-Puddingpulver • 125 g Sahne

Dekoration: etwas dunkle Schokolade • evtl. Himbeeren

SCHNELLE VARIANTE: SCHOKOSAHNE
Statt mit Crème pâtissière geht's auch mit Schokosahne: Ich schmelze 200 g dunkle Schokolade auf dem Wasserbad, rühre 200 g Sahne hinein. Sofort auf Eis damit und weiterrühren, bis die Masse abgekühlt ist. Kalt schlage ich sie zu einer wunderbar leichten Schokosahne.

Kaltes Süppchen aus Melone, Gurke, Paprika
Seite 54

Gourmetsalat à la Lea Linster
Seite 50

SOMMER-MENÜ

Jetzt Gäste haben und grillen? Ja, gern! Aber dieses coole Menü bringt einmal Abwechslung in Ihren Sommerabend

Die Mengen für ein Menü zu berechnen ist gar nicht so einfach. Haben Ihre Gäste einen großen Appetit? Sind Frauen darunter, die sehr auf ihre Linie achten? Ist es draußen heiß, und alle wollen eigentlich nur eine Kleinigkeit? Wie Sie wissen, sind meine Rezepte meist für vier Personen berechnet. Wenn Sie solch ein Gericht in einem viergängigen Menü einsetzen, reichen die Mengen oft auch für sechs Leute. Aber wenn Sie ein bisschen übrig behalten, z. B. von der Suppe oder dem Schweinebraten, dann schmeckt das am nächsten Tag noch ganz wunderbar. Für den Sommer möchte ich Ihnen die Getränkeauswahl ganz besonders ans Herz legen: Nehmen Sie lieber einen leichten Prosecco oder Winzersekt zum Aperitif, es darf natürlich auch ein Spritz sein oder mein alkoholfreier Drink von Seite 43. Beim Wein bieten sich jetzt ein leichter Riesling an oder auch mal ein spritziger Vinho Verde aus Portugal. Ein guter Rosé ist ideal. Und wenn es dann doch Rotwein sein soll: Bitte nehmen Sie einen leichten und kühlen auch den. Warm wird er im Glas von selbst.

*Kalter Schweinebraten mit Radieschensalat
Seite 62*

*Knusperhippen mit Himbeeren und Mascarponecreme
Seite 81*

ARBEITSPLAN FÜR DAS SOMMER-MENÜ

1 TAG VORHER:
- Das Melonensüppchen zubereiten (aufgepasst: die Einlage noch nicht!) und kalt stellen.
- Schweinebraten zubereiten und kalt stellen.

2 STUNDEN VORHER:
- Die Hippen fürs Dessert backen und an einem trockenen Ort aufbewahren. Aufgepasst: Bei feuchtem Wetter lieber in eine gut schließende Dose verpacken, auch für nur kurze Zeit, denn die zarten Hippen werden schnell weich.

1 STUNDE VORHER:
- Die Vinaigrette für den Gourmetsalat anmachen.
- Den Gourmetsalat bis auf das Topping zubereiten und auf Portionstellern drapieren.
Tipp: Am schönsten ist es, Räucherlachs als Topping zu nehmen, weil es im Hauptgang Fleisch gibt.
- Die Einlage für die Melonensuppe zubereiten (Mandel-Brunoise und Champignons oder Spargel).
- Den Braten in dünne Scheiben schneiden und mit dem Zwiebelgemüse auf einer Platte anrichten. Das Ganze gut mit Frischhaltefolie abdecken.

30 MINUTEN VORHER:
- Den Radieschensalat als Beilage zum Schweinebraten zubereiten.

15 MINUTEN VORHER:
- Die Mascarponecreme fürs Dessert zubereiten und abgedeckt in den Kühlschrank stellen.
- Die Suppe in Tassen und Teller füllen, die Sie (bei großer Hitze) vorkühlen können.

DIE GÄSTE SIND DA:
- Den Lachs und eventuell die Parmesanspäne als Topping auf den Gourmetsalat geben und servieren.
- Suppeneinlagen auf die Teller/Tassen verteilen und so servieren.
- Eventuell Baguette (als Beilage zum Fleisch) kurz im Backofen aufbacken und mit dem Hauptgang servieren.
- Nach dem Hauptgang: Die Mascarponecreme in die knusprigen Hippen füllen und mit Himbeeren garniert genießen.

GUT VORBEREITET:
- Die Geschirrspülmaschine leeren.
- Den Mülleimer leeren.
- Den Tisch decken und dekorieren (z. B. Blumen).
- Achten Sie an heißen Tagen darauf, Mineralwasser kalt zu stellen. Wenn Sie gutes Leitungswasser haben, füllen Sie es mit Eiswürfeln und Minzeblättchen in eine Karaffe. Ein feines Aroma geben auch ein paar Beeren oder Spalten vom Wildpfirsich. Das sieht dekorativ aus und schmeckt herrlich erfrischend.
- Wein, Prosecco und Sekt sollten jetzt nicht zu viele Prozente haben. Rotwein ebenfalls kühlen.

TIPP: An heißen Tagen wird Sahne nur steif, wenn die Sahne, der Becher zum Schlagen und die Quirle des Handrührgeräts gut gekühlt sind!

HERBST

»Voilà, jetzt kommt die bunte Jahreszeit mit farbigen Wäldern und all ihren wunderbaren Früchten! Wir ernten Kürbis und Kartoffeln, Äpfel und Quitten, Maronen und Pilze. Freuen Sie sich auch schon darauf? Jetzt macht es doch wieder so richtig Spaß, für Freunde zu kochen, mit ihnen am großen Tisch zu sitzen und einen gemütlichen Abend zu verbringen. Hier sind die Rezepte dafür«

VORSPEISEN

Brotsalat mit Tomatensalsa *Seite 88*

Matjes auf zweierlei Art *Seite 88*

VORSPEISEN

»Die Tomatensalsa ist einfach – und einfach eine Sensation!«

Brotsalat mit Tomatensalsa

✴ Das frische Weißbrot schneide ich in sehr dünne Scheiben von etwa 5 x 15 Zentimetern. Die Scheiben bestreiche ich mit Olivenöl von allerbester Qualität, das geht gut mit einem Backpinsel.

• Ich heize den Backofen auf 160 Grad vor. Das Backblech lege ich mit Backpapier aus, gebe die Scheiben darauf und röste das Brot, bis es wirklich richtig goldbraun ist – schön gleichmäßig soll das sein.

• Für die Tomatensalsa nehme ich inzwischen die großen, reifen Roma-Tomaten und enthäute sie. Die Kerne hole ich heraus und fange sie mit der Flüssigkeit im Mixer auf. Das Tomatenfleisch schneide ich in kleine Würfel von ca. 0,5 Zentimeter Seitenlänge und stelle es erst einmal beiseite.

• Im Mixer püriere ich jetzt die Tomatenflüssigkeit zusammen mit dem Olivenöl, dem Balsamico und etwas Meersalz so lange, bis eine hellrosa Soße von relativ fester Konsistenz entstanden ist.

• Zum Servieren schäle ich den Rettich und hobele ihn in sehr dünne Scheiben. Damit lege ich die Teller aus, lege für jeden ein Blatt vom Salat darauf. Die gerösteten Weißbrotscheiben bestreiche ich zuerst mit der Tomatensalsa und drapiere dann die Tomatenwürfelchen obendrauf. Auf die Teller damit, noch einmal mit etwas Meersalz und Pfeffer aus der Mühle würzen – und genießen!

FÜR 4 PERSONEN • Foto Seite 86

½ Bauernweißbrot (ca. 250 g) • 2 EL Olivenöl • ½ weißer Rettich • 4 Blätter Römersalat • Meersalz • Pfeffer aus der Mühle

Tomatensalsa: *4 Roma-Tomaten • 50 ml Olivenöl • 2 EL Balsamico • Meersalz*

GUT ZU WISSEN: TOMATEN ENTHÄUTEN

Das geht so leicht und lohnt sich fast immer: Ich muss nur die Haut am Stielansatz kreuzweise einschneiden, die Tomaten mit kochendem Wasser überbrühen und je nach Größe eine bis vier Minuten stehen lassen. Dann lässt sich die Haut gut abziehen.

»Der klassische Matjessalat, neu erfunden«

Matjes auf zweierlei Art

Matjeshäppchen eignen sich wunderbar als Amuse-Bouche. Und damit es einmal überraschend aussieht, habe ich mir für die gewohnten Zutaten etwas Neues einfallen lassen – ein kulinarisches Gemälde.

• Rote-Bete-Knollen kocht man wie Pellkartoffeln. Ich gebe sie also mit ihrer Schale in kaltes Wasser, bringe es zum Kochen und lasse die Knollen sprudelnd gar kochen – das dauert, je nach Größe der roten Bete, ungefähr 40 Minuten. Ich schrecke sie kurz mit eiskaltem Wasser ab und ziehe dann die Schale ab. Wenn es schnell gehen soll, können Sie auch schon fertig gegarte Knollen kaufen.

• Inzwischen dünste ich die Kartoffeln in der Schale und pelle die gegarten Kartoffeln.

• Und ich lasse den Rote-Bete-Saft mit etwas Salz so lange einkochen, bis er eine sirupartige Konsistenz hat.

• Für die Matjestürmchen steche ich nun die roten Bete und die Kartoffeln mit einer Metallform von vier Zentimeter Durchmesser aus. Die Türmchen schneide ich in nur drei Millimeter dünne Scheibchen, gebe etwas Meersalz und weißen Pfeffer aus der Mühle darüber.

• Von den Kartoffel- und Rote-Bete-Scheiben setze ich je drei im Wechsel übereinander.

• Zum Schluss kommt obendrauf ein Matjestaler, den ich auch in der Größe der Gemüsetaler ausgestochen habe. Ich dekoriere jedes Türmchen mit einer Spitze Dill und serviere die raffinierten Häppchen auf kleinen, sehr flachen Platten oder Tellern.

• Nun geht's ans zweite Amuse-Bouche, den kleinen Matjessalat: Ich nehme die Ränder und Reste der ausgestochenen roten Bete, der Kartoffeln und vom Matjes und schneide alles in feine Würfel. Außerdem schneide ich noch von einer roten Zwiebel ein paar Ringe für die Dekoration ab, den Rest schneide ich in allerfeinste Würfel.

• Die Crème fraîche verrühre ich mit Sahne, Zitronensaft und eventuell etwas Meerrettich. Die Soße wird mit den Gemüse- und Matjeswürfeln gemischt, der Salat gemeinsam mit den Türmchen, aber auf kleinen Extratellern, mit etwas Dill und den Zwiebelringen angerichtet.

• Richtige Sterneküche wird's durch den eingekochten Rote-Bete-Saft, den ich in kleinen Tropfen rundherum drapiere.

TIPP: Es empfiehlt sich, beim Schälen und Kleinschneiden der Rote-Bete-Knollen Küchenhandschuhe zu tragen!

FÜR 4 PERSONEN • Foto Seite 87

2–3 rote Bete (ca. 500 g; evtl. fertig gegart) • 3 mittelgroße Kartoffeln • 100 ml Rote-Bete-Saft (Reformhaus) • Meersalz • weißer Pfeffer aus der Mühle • 4 Matjesfilets • 2 Dillstängel • 1 rote Zwiebel • 3 EL Crème fraîche • 1–2 EL Sahne • 1–2 EL Zitronensaft • evtl. etwas Meerrettich

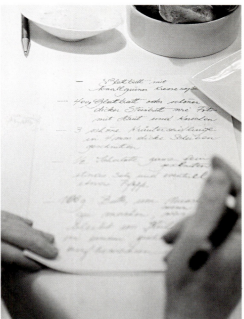

»Im Restaurant in Frisange muss immer alles top sein. Das erwarten alle Gäste, die regelmäßig kommen, weil sie meine Küche kennen und lieben. Und auch die, für die ein Essen bei mir ein ganz besonderes Ereignis ist, zum Geburtstag oder zum Hochzeitstag. Was wir als Standard auf der Karte haben, muss immer gleich gut sein. Dafür bürgt auch mein Chefkoch Sylvain Cousin.«

Leas Extratipp fürs knusprige Brot: Olivenpaste. Dafür püriert sie 200 g schwarze Oliven ohne Kern mit 2–3 EL Olivenöl, etwas Meersalz und Pfeffer aus der Mühle. Die Tapenade lässt sich gut im Schraubdeckelglas aufbewahren und passt wunderbar zum Aperitif.

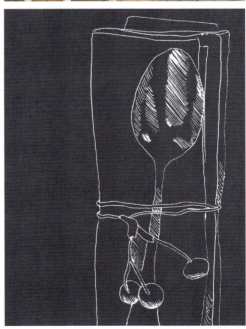

VORSPEISEN

»Eine richtig schöne Brühe braucht Zeit: Vier Stunden bleibt sie auf dem Herd!«

Consommé vom Ochsenschwanz

Damit meine Brühe eine gute Farbe und einen kräftigen Geschmack bekommt, brate ich das Fleisch zunächst ordentlich im Backofen an. Dafür heize ich den Backofen auf 200 Grad vor und gebe das Fleisch im Bräter ohne Deckel in den Ofen.

- Die rote und die weiße Zwiebel, die ich geputzt und halbiert habe, lege ich mit dazu. Nach etwa einer Dreiviertelstunde sind Fleisch und Zwiebeln schön braun und können nun gekocht werden.

- Während das Fleisch im Ofen brät, habe ich schon den Stangensellerie, die Möhre und den Porree geputzt und in Stücke geschnitten. Den Knoblauch enthäute und halbiere ich. Die Tomaten viertele ich und hole die Kerne heraus, sie kommen nicht mit in die Suppe.

- Ich wasche die Petersilie, den Thymian und den Majoran. Die Kräuter werden mit den Stielen in der Brühe gekocht – bis auf ein paar Petersilienblättchen, die ich für die Dekoration brauche.

- Das angebratene Fleisch gebe ich nun in einen großen Topf und gieße kaltes Wasser darüber. Das Fleisch soll gut bedeckt sein, es werden also sicher zwei Liter Wasser. Ich lasse alles einmal kräftig aufkochen, damit der Saft aus dem Fleisch tritt. Dieser Vorgang macht die Brühe zunächst einmal trübe. Ich schöpfe die Eiweißschlieren mit der Schöpfkelle ab und gebe dann ordentlich Salz hinein. Es macht nichts, wenn die Brühe nicht ganz klar ist, dem Geschmack tut es keinen Abbruch – sie sieht sonst nur appetitlicher aus!

- Nun gebe ich alles Gemüse, die Kräuter, das Lorbeerblatt und die Pfefferkörner mit in den Topf und lasse die Brühe schön kochen – ohne Deckel und bitte bei nicht zu großer Hitze, am besten nur auf Stufe 4 bis 5. Geduld ist gefragt, damit die Consommé richtig kräftig wird: Rund vier Stunden dauert es! Zwischendurch gieße ich eventuell etwas Wasser nach. Wenn das Fleisch dann gar ist, lege ich ein großes Sieb mit einem sauberen Mulltuch aus und gieße die Brühe durch, so dass alles Gemüse und das Fleisch aufgefangen wird.

- Das Fleisch löse ich vom Knochen, zupfe es klein und gebe jeweils ein bisschen davon in die heißen Suppentassen. Außerdem schäle ich die Möhre für die Suppeneinlage und schneide sie in feine Scheiben, schneide auch ein paar Scheibchen Staudensellerie für jeden. Beides habe ich kurz in Salzwasser blanchiert und in Eiswasser abgeschreckt. Ich fülle die Consommé darauf, dekoriere noch mit ein paar Petersilienblättchen und freue mich über den wunderbaren Genuss.

FÜR 1–1½ LITER CONSOMMÉ • Foto rechts

Consommé: *1 kg Ochsenschwanz • 1 rote Zwiebel • 1 weiße Zwiebel • 1 Stange Staudensellerie • 1 Möhre • 1 kleine Porreestange • 1–2 Knoblauchzehen • 2 Tomaten • ½ Bund glatte Petersilie • ½ Bund Thymian • 5 Majoranzweige • Salz • 1 Lorbeerblatt • 1 TL Pfefferkörner*

Einlage: *1 Möhre • etwas Staudensellerie • etwas Petersilie*

Leas Tricks: klare Brühe

Tomaten machen die Brühe klar und geben ihr zusätzlich Farbe. Lea kocht eine Consommé immer nur ganz leise und ohne Deckel. Je länger, desto besser: Dann können sich die Trübstoffe am Boden und am Rand sammeln. Sprudelt das Wasser zu sehr, wird die Brühe wieder trüber. Gut ist es, ab und zu noch etwas Wasser nachzufüllen.

VORSPEISEN

»Der Zitrusgeschmack bildet einen schönen Kontrast zur Fleischterrine«

Kaninchenterrine mit Zitrussalat

Erst lege ich die Terrinenform mit gefetteter Frischhaltefolie aus. Großzügig bitte, um die Terrine anschließend damit auch zu verschließen. Ich lege die Bauchlappen darauf und salze sie leicht. Darauf drapiere ich die rohen Rückenfilets. Die Fleischstücke sollen dicht beieinanderliegen.

• Wer mag, schichtet noch kleine Stücke Foie gras (Gänseleber) mit ein, das macht die Terrine besonders fein. Aber so, dass sie in der Mitte der Terrinenform liegen, damit sie nicht zu heiß werden.

• Ich verrühre den Weißwein mit Salz, Pfeffer, den fein gehackten Kräutern und der Gelatine. Ich gieße die Flüssigkeit über das Fleisch und verschließe alles sorgfältig mit der Folie.

• Die Terrinenform stelle ich bei 75 Grad in den Dampfgarer. Wenn Sie ein Fleischthermometer haben: Die Kerntemperatur des Fleisches muss 55 Grad haben! Ohne Dampfgarer setzen Sie die Form wie gewohnt in die Fettpfanne des Backofens, die mit kochend heißem Wasser gefüllt wird. So gart die Terrine im vorgeheizten Backofen bei 100 Grad. Das Fleisch muss in jedem Fall etwa eine Stunde garen.

• Die Terrine lasse ich in der Form ganz abkühlen, dann wird sie durch die Gelatine fest. Am besten natürlich über Nacht.

• Für den Zitrussalat schäle ich Grapefruits, Orangen und die Zitrone so dick, dass die weiße Haut mit entfernt ist. So kann ich die Fruchtfilets gut aus den Segmenten lösen: mit einem kleinen Messer über einer Schüssel, damit der Saft aufgefangen wird. Den Zitrussaft verrühre ich mit etwas gutem Olivenöl.

• Zum Servieren wickele ich die Terrine aus der Form, schneide sie in Scheiben und richte sie mit den Zitrusfilets an. Ich putze die Rauke, drapiere ein wenig davon auf die Fruchtfilets und träufele den Zitrussaft über Filets und Rauke. Ein paar Tropfen Balsamico-Sirup (eingekochter Balsamico-Essig) als Dekoration machen's perfekt.

DAZU: Besonders dekorativ sind Zitronen-Chips. Wie's geht, steht rechts (»Gut zu wissen«).

FÜR 4 PERSONEN • *Foto rechts*

Kaninchenterrine: 1 Kaninchenrücken mit Bauchlappen (küchenfertig) • Salz • evtl. 60 g Foie gras (Gänseleber) • 100 ml Weißwein (nicht zu trocken, z. B. Riesling-Spätlese) • Pfeffer aus der Mühle • ½ Bund Estragon • ½ Bund Kerbel • 2 Rosmarinzweige • 3 TL gemahlene Gelatine

Zitrussalat: 2 rosa Grapefruits • 2 Orangen • 1 Zitrone • 3 EL Olivenöl • ½ Bund Rauke

»Ein köstliches Entree für Ihre Gäste«

Maronensuppe mit Parmesantalern

Ich ziehe die Schalotten ab und schneide sie wie immer in sehr feine Würfel. Den Thymian spüle ich ab, schüttele ihn trocken und streife von zwei Zweigen die Blättchen ab.

• Die Maronen hacke ich grob und lege ein bis zwei Esslöffel für die Dekoration beiseite.

• Nun erhitze ich die Butter im Topf und dünste die Schalottenwürfelchen, die Thymianblättchen und die gehackten Maronen darin an. Dann gieße ich den Fond und die Sahne dazu und koche alles etwa 20 Minuten zugedeckt bei kleiner Hitze.

• Für die Parmesantaler heize ich den Backofen auf 150 Grad vor.

• Ich lege ein Backblech mit Backpapier aus und gebe zwölf kleine Häufchen frisch geriebenen Parmesan darauf. In den heißen Backofen damit – nach etwa zwölf Minuten sind die Häufchen zu hellbraunen Talern gebacken.

• Die Suppe püriere ich mit dem Stabmixer, rühre die Milch darunter und bringe die Suppe auf eine cremige Konsistenz. Ich würze mit Salz und meinem geliebten Piment d'Espelette.

• Für die Dekoration brate ich die restlichen Thymianzweige und die Maronenstückchen, die ich beiseite gestellt hatte, kurz in Olivenöl.

• Ich gebe die feine Maronensuppe in vorgewärmte Schalen, drapiere die gebratenen Maronen mit dem Thymian darauf und serviere die Parmesantaler dazu. Voilà!

FÜR 4 PERSONEN • *Foto rechts*

Maronensuppe: 3 kleine Schalotten • 6 Zweige Thymian • 250 g Maronen (vakuumverpackt) • 20 g Butter • 600 ml Hühnerfond (Rezept Seite 35) • 150 g Sahne • 200 ml Milch • Meersalz • Piment d'Espelette • 1 EL Olivenöl

Parmesantaler: 70 g Parmesan

GUT ZU WISSEN: ZITRONEN-CHIPS

Dafür schneide ich eine Bio-Zitrone in möglichst dünne Scheiben und lasse sie fünf Minuten in Zuckersirup ziehen, den ich aus einem halben Liter Wasser und 200 Gramm Zucker gekocht habe. Die Zitronenscheiben trockne ich dann bei 90 Grad im Backofen, am besten auf einer Silikonmatte (oder auf Backpapier) etwa eine Stunde lang. Bitte nicht vergessen: zwischendurch umdrehen!

Schnell gemacht: perfekte Häppchen zum Aperitif

Crostini mit Kürbiscreme

Wenn ich einen Butternut-Kürbis fürs Risotto (Rezept Seite 103) genommen habe, bleibt die Hälfte übrig. Daraus mache ich gern eine schnelle Kürbiscreme: Ich schneide das Kürbisfleisch in Würfel, dünste es mit einer fein geschnittenen Schalotte in Butter weich und zerdrücke es mit der Gabel. Wenn die Creme zu fest wird, gebe ich einfach ein bisschen Gemüsefond, Sahne oder Wasser dazu.

Für meine Häppchen röste ich einfach Ciabatta- oder Baguette-scheiben in einer Pfanne ohne Fett leicht an und streiche die Kürbiscreme darauf. Ich gebe ein Stückchen Parma-Schinken oder Bresaola (italienischer Rinderschinken) on top und dekoriere eventuell noch mit einem Kräuterblättchen (Foto rechts). Ihre Gäste werden es lieben!

HAUPTGERICHTE

Entrecôte mit Schalottenbutter *Seite 98*

Zanderfilet mit Krabben und Crémant-Schaum *Seite 98*

Suppe von grünem Gemüse und Kräutern *Seite 99*

Grüne Tagliatelle mit Muscheln *Seite 99*

HAUPTGERICHTE

»Dieses Rezept ist einfach hervorragend für Dry Aged Beef«

Entrecôte mit Kartoffelchips, Maronen und Schalottenbutter

Für die Kartoffelchips nehme ich eine große Kartoffel pro Person. Ich schäle und wasche sie und schneide sie längs in dünne Scheiben. Die lege ich auf einem sauberen Geschirrhandtuch aus und lasse inzwischen das Öl in einem kleinen Topf sehr heiß werden.

• Im heißen Öl frittiere ich nach und nach die Kartoffelscheiben. Am besten geht's, sie zwischendurch herauszunehmen, auf Küchenpapier abtropfen zu lassen und kurz vor dem Servieren wieder ins Öl zu geben.

• Für die Schalottenbutter würfele ich die Schalotten sehr fein. Ich zerlasse die Hälfte der Butter, schwitze die Schalottenwürfel darin an. Ich gebe Balsamico und Portwein dazu und lasse die Flüssigkeit reduzieren. Dann gieße ich den Rotwein an, schmecke mit Salz ab und lasse auch ihn reduzieren – sehr langsam, bitte, bis fast keine Flüssigkeit mehr da ist! Die Rotweinschalotten abkühlen lassen. Die restliche weiche Butter gebe ich in eine kleine Schale, vermische sie gut mit den Rotweinschalotten und stelle die Schalottenbutter bis zum Servieren kalt.

• Das Fleisch würze ich und brate es im Stück in sehr heißem Öl rundherum richtig schön an, bis es goldbraun ist. Dann gebe ich ordentlich Butter in die Pfanne, lege die Lorbeerblätter auf, gebe den Thymian dazu und den Knoblauch – ich habe dafür einfach eine Knolle quer halbiert. So brate ich das Fleisch von allen Seiten weiter, dabei schöpfe ich immer wieder die heiße Butter über das Fleisch, damit es perfekt gart. Es braucht ungefähr noch 15 Minuten, bis es richtig gut ist. Wenn Sie es nicht mögen, dass Fleisch im Kern noch blutig ist, braten Sie es einfach länger.

• Nun zu den Maronen: Ich zerlasse Butter in einer Kasserolle, gebe die Maronen dazu und den Zucker darüber. Wenn alles schön karamellisiert ist, lösche ich mit ein wenig vom Bratensaft ab. Ich schmecke mit Salz ab, schneide etwas Petersilie hauchfein und gebe sie darüber.

• Das Fleisch serviere ich am liebsten auf einem großen Holzbrett, dazu reiche ich die Schalottenbutter, Kartoffelchips und die Maronen.

FÜR 4 PERSONEN • Foto Seite 94

800 g Roastbeef (am liebsten dry aged, z. B. aus Irland) • Meersalz • Pfeffer aus der Mühle • 3 EL neutrales Öl (z. B. Erdnuss- oder Rapsöl) • 50 g Butter • 2 Lorbeerblätter • ½ Bund Thymian • ½ Knoblauchknolle • ½ Beet Kresse

Kartoffelchips: *4 Kartoffeln (ca. 600 g) • ca. ½ l neutrales Öl zum Frittieren (z. B. Erdnuss- oder Rapsöl)*

Schalottenbutter: *2 Schalotten • 20 g Butter • 30 ml Balsamico • 30 ml roter Portwein • 100 ml Rotwein • Meersalz*

Maronen: *2 EL Butter • 300 g Maronen (vakuumverpackt) • 1 EL Zucker • etwas Bratensaft • 3 Stängel glatte Petersilie*

»Im Papier gegart, bleiben Fischfilets besonders zart und saftig«

Zanderfilet mit Nordseekrabben und Crémant-Schaum

Ich wasche den Koriander, tupfe ihn trocken und zupfe ein paar schöne Blättchen von den Stielen. Die Zanderfilets tupfe ich ebenfalls gut trocken, salze sie und gebe jeweils auf ein Filet zwei Korianderblättchen.

• Nun packe ich den Fisch in normales Butterbrotpapier. Für jedes Filet nehme ich zwei Stück, pinsele sie mit Olivenöl ein und lege je ein Filet auf ein Stück Butterbrotpapier, schlage es ein und bedecke es mit dem zweiten Stück. Das ist meine Vorbereitung für den Fisch.

• Das Stück von der Porreestange schneide ich längs durch und spüle es gründlich mit kaltem Wasser ab, damit alle Sandreste entfernt sind. Den Porree schneide ich in feine Streifen und stelle sie beiseite.

• Für den Crémant-Schaum verrühre ich die Eigelb (von mittelgroßen Eiern) mit dem Crémant in einer Metallschüssel und setze sie aufs heiße Wasserbad. Ich schlage die Masse mit den Quirlen des Handrührers auf niedriger Stufe schön schaumig. Bitte dafür sorgen, dass das Wasser nicht zu heiß ist und nicht zu sehr sprudelt! Nun schlage ich die kalte Butter in kleinen Flöckchen nach und nach darunter. Ich schmecke mit Meersalz und vielleicht etwas Lemon-Myrtle ab und stelle die Soße auf dem Wasserbad warm, das ich aber von der heißen Herdplatte nehme.

• Nun brate ich meinen Fisch im Papier. Ich gebe etwas Öl in die Pfanne und gebe den Fisch mit der Kräuterseite nach unten für eine Minute hinein, dann wende ich meine Pakete und brate auf der anderen Seite noch zwei Minuten weiter. Ich halte den Zander in der Pfanne im Papier warm.

• Die Porreestreifen blanchiere ich in kochendem Salzwasser und schrecke sie sofort ab, lasse sie abtropfen und schwenke sie dann in der Butter. Etwas Meersalz darüber und fertig.

• Die Filets nehme ich aus dem Papier, richte sie auf dem Porree an, darüber streue ich die Nordseekrabben, ein paar Chilifäden und nappiere mit dem feinen Crémant-Schaum. Ein Genuss – nicht nur im Herbst!

FÜR 2 PERSONEN • Foto Seite 95

2 Korianderstängel • 400 g Zanderfilet ohne Haut (2 große oder 4 kleine Stücke) • Meersalz • 2 EL Olivenöl • 150 g Porree (nur das Weiße) • 1 EL Butter • 75–100 g Nordseekrabben • einige Chilifäden

Crémant-Schaum: *3 Eigelb • 75 ml Crémant (oder Champagner oder guter Rieslingsekt) • 50 g Butter • Meersalz • evtl. ½ TL Lemon-Myrtle*

TIPP: Lemon-Myrtle (Zitronenmyrthe) ist ein Gewürz aus Australien, das sehr frisch und intensiv nach Zitrone schmeckt und sich daher wunderbar zum Würzen von Fisch eignet. Sie bekommen es zum Beispiel über www.1001gewuerze.eu, dort gibt's auch Chilifäden.

HAUPTGERICHTE

»Richtig aufgeschäumt, kommt sie ganz ohne Sahne aus«

Suppe von grünem Gemüse und Kräutern

✻ Zuerst schneide ich eine große Zwiebel in feine Würfelchen und schwitze sie in der Butter an.

• Dann schneide ich vom Porree etwa zehn Zentimeter ab (nur das Weiße und das Hellgrüne), wasche es gründlich und schneide es in feine Ringe. Die gebe ich zur Zwiebel in den Topf.

• Außerdem wasche ich eine schöne Zucchini, schneide sie in Würfel und gebe sie auch mit in den Topf. Ich füge den Gemüsefond oder einfach Wasser dazu und lasse das Gemüse leise gar köcheln.

• Inzwischen wasche ich die Rauke, die Petersilie und den Portulak, entferne die groben Stiele und trockne alles mit der Salatschleuder. So kommen die Kräuter in den Mixer und werden ganz fein gehackt. Die stelle ich dann für später beiseite.

• Die Suppe fülle ich nun ebenfalls in einen Mixer und püriere sie kräftig – mindestens zwei bis drei Minuten lang! Ich gebe sie zurück in den Topf, damit sie heiß auf den Tisch kommt, würze mit Meersalz und Pfeffer aus der Mühle und ziehe ganz zum Schluss die Rauke-Mischung unter – so schmeckt das Süppchen herrlich nach frischen Kräutern und holt den Sommer zurück!

• Ich fülle die Suppe auf vorgewärmte Teller und streue gern noch ein paar Portulak-Blättchen und ein wenig Porreegrün darüber, das ich natürlich in allerfeinste Würfelchen (»brunoise«) geschnitten habe.

FÜR 2 PERSONEN • *Foto Seite 96*

1–2 Zwiebeln • 1 EL Butter • 1 Porreestange • 1 Zucchini (ca. 200 g) • ½ l Gemüsefond (oder Wasser) • ½ Bund Rauke • ½ Bund glatte Petersilie • etwas Portulak • Meersalz • Pfeffer aus der Mühle

WAS IST EIGENTLICH: PORTULAK
Portulak gibt es im Sommer als dickfleischiges, leicht säuerliches Kraut. Und im Winter unter der Bezeichnung Postelein als zartes, feines und langstieliges Kraut. Beide Sorten sind hervorragend im Salat und reich an Vitamin C und Omega-3-Fettsäuren.

»Am besten schmeckt's natürlich mit selbst gemachter Pasta«

Grüne Tagliatelle mit Muscheln

Ich fange mit meinem Pasta-Teig an, wie's geht, steht auf Seite 24.

• Damit die Tagliatelle grün werden, färbe ich den Teig mit einem Esslöffel Basilikumsaft, bevor ich ihn mit der Nudelmaschine zu Bandnudeln von einem Zentimeter Breite schneide. Dafür wasche ich ein schönes großes Bund Basilikum, schüttele es trocken und entferne die groben Stiele. Nur ein paar Blättchen lege ich für die Dekoration beiseite, alle anderen zerkleinere ich möglichst fein im Blitzhacker. Wenn die Masse sehr trocken ist, noch einen Schuss Wasser zufügen. Den Basilikumbrei drücke ich durch ein Sieb und fange den Saft auf. Ich knete einen Esslöffel davon unter den Nudelteig, den Rest friere ich ein – fürs nächste Mal.

• Nun zu den Muscheln: Nehmen Sie am besten die, die Sie frisch bekommen. Kamm-, Mies- oder Herzmuscheln – alle geben den guten Muschelgeschmack für den Fond ab. Sie wissen ja, Muschelfond ist meine Geheimwaffe für gute Soßen.

• Zuerst kratze ich die Muscheln sauber. Dann wasche ich sie schnell in eiskaltem Wasser. Aufgepasst: Man darf sie auf keinen Fall im Wasser liegen lassen, sonst verlieren sie ihren Saft, der für die Soße so wichtig ist! Muscheln, die jetzt schon geöffnet sind, werfe ich weg – sie könnten den Magen und jeden Spaß verderben!

• Ich schneide die Schalotten in feine Würfelchen, ziehe die Knoblauchzehen ab und dünste alles in etwas Butter an. Ich gieße den Wein (oder Wasser) dazu, lasse ihn aufkochen und gebe die Muscheln hinein. Die Muscheln lasse ich nur etwa zwei bis drei Minuten mit geschlossenem Deckel im Sud kochen, bis sich alle geöffnet haben.

• Die Muscheln gieße ich nun ab und fange den feinen Sud in einem kleinen Topf auf. Ich hole das Muschelfleisch aus den Schalen. Alle Muscheln, die sich nicht geöffnet haben, werfe ich konsequent weg.

• Ich koche jetzt die Tagliatelle – Sie wissen ja, selbst gemachte Pasta braucht nur drei bis vier Minuten!

• Inzwischen gieße ich die Sahne zum heißen Muschelfond, dann montiere ich die Soße schnell mit eiskalter Butter auf, die ich in Stückchen geschnitten habe und mit einem Schneebesen kräftig unterrühre. Muscheln, Soße und Pasta vermische ich und dekoriere das Ganze eventuell mit einigen Muscheln in der Schale. Zum Schluss streue ich noch die in Streifen geschnittenen Basilikumblätter darüber – köstlich!

FÜR 3 PERSONEN • *Foto Seite 97*

Pasta: *200 g Pasta-Mehl (z. B. von De Cecco) oder Weizenmehl Type 405 • 100 g Hartweizengrieß • 3 Eier • 1 großes Bund Basilikum*

Muscheln: *1 kg Muscheln • 2 Schalotten • 2 Knoblauchzehen • 30 g Butter • 100 ml Weißwein (am liebsten Riesling)*

Soße: *Muschelsud • 200 ml Sahne • 50 g Butter*

HAUPTGERICHTE

»Perlhühner sind so hübsch und schmackhaft – ihnen überlasse ich gern einen Solo-Auftritt ohne viel Drumherum«

Gebratenes Perlhuhn auf mediterrane Art

Ich nehme mein schönes küchenfertiges Bio-Perlhuhn von mittlerer Größe und kontrolliere noch einmal, ob auch alle Federkiele entfernt sind, sonst hole ich sie mit einer kräftigen Pinzette heraus. Ich binde dann die Keulen und Flügel mit Küchengarn eng an den Körper, damit das Fleisch gleichmäßig gar wird. Das Perlhuhn würze ich innen und außen mit Meersalz.

• In einer Pfanne zerlasse ich die geklärte Butter und brate das Perlhuhn rundherum gut an. Ich benutze zum Anbraten immer lieber eine große Pfanne als einen Bräter, weil es darin leichter geht, das Huhn zu drehen und es gleichmäßig anzubraten.

• Inzwischen heize ich den Backofen auf 200 Grad vor. Dann nehme ich einen passenden Bräter und packe das Huhn dort hinein. Mit hinein kommt die große Bio-Zitrone, die ich in Scheiben geschnitten habe. Ich wasche ein ordentliches Sträußchen Thymian und lege es dazu, außerdem die nicht abgezogenen Knoblauchzehen. Nehmen Sie dicke frische, dann sind Duft und Geschmack einfach perfekt!

• Nun kommt reichlich Butter auf das Huhn, und ich schiebe den Bräter offen in den heißen Backofen auf die mittlere Schiene. Das Huhn bleibt eine knappe Stunde im Ofen, zwischendurch begieße ich es immer wieder mit der Butter. Das ist ganz wichtig, damit es nicht zu trocken wird, denn Perlhuhn an sich ist eher mager. Deshalb ist eine kleine Scheibe Speck dazu manchmal auch ganz gut, aber in diesem Fall wollen wir es mediterran halten.

• Zum Schluss entferne ich das Küchenband und tranchiere das Perlhuhn in zwei Hälften. Den Bratsud schmecke ich nur mit Salz ab und serviere ihn extra. Und bloß die gegarten Knoblauchzehen nicht vergessen! Auf einer Scheibe Baguette schmecken sie herrlich.

DAZU: Das Perlhuhn braucht keine große Begleitung. Es reichen etwas Couscous oder gebackene Kartoffeln aus dem Ofen (die können einfach die letzten 20 Minuten im Bräter mitgaren), ein bisschen grüner Salat und gern ein Gläschen Riesling. Genießen Sie's!

FÜR 2 PERSONEN • *Foto rechts*

1 Bio-Perlhuhn (etwa 1 kg) • Meersalz • 2–3 EL geklärte Butter • 1 Bio-Zitrone • 1 Bund Thymian • 6 Knoblauchzehen • etwa 50 g Butter

GUT ZU WISSEN: BUTTER KLÄREN

Geklärte Butter (auch Butterschmalz oder Ghee) ist ideal zum Braten, weil sie sich hoch erhitzen lässt. Ich koche die Butter auf, bis sich am Topfboden eine weiße Schicht absetzt – Eiweißpartikel, die sonst bei großer Hitze verbrennen. Ich lege ein Sieb mit Haushaltspapier aus, filtere sie heraus, und fertig ist mein hoch erhitzbares Butterschmalz!

Leas Tricks: Huhn & Co

Damit Hühner und Hähnchen schön gleichmäßig garen, bindet Lea Keulen und Flügel eng an den Körper. Eine Alternative ist es, dem Huhn nach dem Waschen und Trocknen mit Küchenpapier das Rückgrat mit einer scharfen Geflügelschere herauszuschneiden. Danach breitet Lea Huhn, Hähnchen oder Stubenküken platt aus und kann sie so perfekt braten.

Knoblauch…

…schreckt nicht nur Vampire ab! Wenn er nicht ganz frisch ist, ist er nur sehr schwer verdaulich – dann verzichte ich lieber ganz auf das sonst so gesunde Gewürz. Da hilft es meist auch nichts, den grünen Keim herauszuholen.

Frisch passt er aber ganz wunderbar zu Rind- und Lammfleisch, zu Geflügel, Auberginen, Zucchini, Pilzen und natürlich Tomaten in jeder Form.

Oft halbiere ich einfach eine Knolle waagerecht und gebe sie mit in die Pfanne. Oder ich mache Knoblauchchips daraus, wie zum Steinpilzflan (Seite 103).

Mit etwas Olivenöl und ein paar Thymianzweigen dünste ich ungeschälte Knoblauchzehen auch gern in einer Pfanne weich. Danach kann ich die Zehen ganz leicht aus ihrer Schale drücken – so passt der frische Knoblauch ideal zu kurz gebratenem Fleisch und zu Pasta-Gerichten!

HAUPTGERICHTE

»Ich nehmen gern Butternut-Kürbis dazu, es schmeckt aber auch mit allen anderen Kürbissorten«

Kürbisrisotto

✻ Basis ist mein schlichtes Risotto, das meine treuen Leserinnen und Leser ja kennen. Für alle anderen hier noch einmal das Rezept:

• Den Reis spüle ich gut unter fließendem Wasser ab und lasse ihn abtropfen, denn ich möchte in diesem Fall, dass er körnig bleibt. Die Schalotte putze ich und würfele sie ganz fein. Ich zerlasse die Butter im Topf, dünste die Schalottenwürfel darin an und gebe den Reis dazu. Salzen und immer schön umrühren! Wenn der Reis glasig ist, lösche ich mit einem guten Schuss Champagner oder Winzersekt ab.

• Der heiße Fond wird nach und nach dazugegossen, aber immer erst, wenn die Flüssigkeit verdampft ist. Aufgepasst: Beim Risotto muss man wirklich danebenstehen und immer wieder gut umrühren!

• Inzwischen schäle ich für den Kürbis-Touch einen halben Butternut-Kürbis und schneide 200 Gramm davon in feine Würfelchen. Die dünste ich in Butter an und salze sie. Wer mag, gibt auch noch eine Prise Zucker dazu. Ich stelle sie beiseite, bis mein Risotto fertig ist.

• Nach etwa 20 Minuten habe ich ein wunderbares Risotto. Darunter ziehe ich den Parmesan, die geschlagene Sahne und meine Kürbiswürfelchen und gebe noch ein wenig Piment d'Espelette darüber.

• Ich richte das Risotto auf flachen Tellern an, so wie es in Italien üblich ist. Wichtig ist: Der Teller muss heiß sein, sonst kühlt mein Risotto zu schnell ab. Obendrauf dekoriere ich noch ein paar Späne Parmesan und vielleicht ein paar Tropfen Kürbiskernöl. Aber Vorsicht – das Kürbiskernöl muss absolut frisch sein, denn schon eine kleine ranzige Note im Öl macht das ganze Essen kaputt.

FÜR 3–4 PERSONEN • Foto links

½ Butternut-Kürbis (200 g Kürbisfleisch) • 1–2 EL Butter • Meersalz • evtl. 1 Prise Zucker

Risotto: 200 g Risotto-Reis (z. B. Arborio) • 1 Schalotte • 30 g Butter • Meersalz • 100 ml Champagner oder guter Winzersekt • etwa 400 ml Hühnerfond (Rezept Seite 35) • 2–3 EL Parmesan • 75 g Sahne • etwas Piment d'Espelette

Dekoration: 4 EL Parmesanspäne • evtl. Kürbiskernöl

GUT ZU WISSEN: RISOTTO-REIS GAREN

Risotto-Reis bleibt schön körnig, wenn Sie ihn in einem Sieb unter kaltem Wasser abspülen, bis das Wasser klar ist. Wenn Sie ein Risotto richtig cremig möchten, wird der Reis nicht gewaschen, denn die Stärke rund um die Körner macht das Risotto weicher. Risotto wird auch cremiger, wenn Sie zum Schluss noch Butter unterrühren.

»Hauptspeise, Vorspeise, Beilage: Dieser Flan ist ungeheuer vielseitig«

Pilzflan mit sautierten Steinpilzen und Knoblauchchips

✻ Ich schneide meine küchenfertigen Pilze in Stücke und dünste sie in geklärter Butter an, bis alle Flüssigkeit verdunstet ist. Die Pilze lasse ich im Sieb abtropfen und fange den Sud auf.

• Jetzt dünste ich meine fein geschnittene Schalotte in Butter an. Die abgetropften Pilze kommen dazu, werden sautiert und mit Meersalz und Pfeffer gewürzt. Portwein und Madeira dazu, verdampfen lassen und den abgetropften Pilzjus und die Sahne hinein. Voilà!

• Das Ganze püriere ich fein und fülle das Püree in einen Messbecher. Ich gieße es mit Milch auf, so dass ich genau 900 Milliliter bekomme. Darunter rühre ich den Grieß. Die frischen Eier schlage ich auf, gebe sie zum Püree, das ich nur mit einer Gabel verrühre. Denn aufgepasst: Wenn die Masse für einen Flan zu sehr gerührt wird, ist die Konsistenz nicht richtig. Also nur sanft verrühren, bis sich alles verbunden hat!

• Ich heize den Backofen auf 130 Grad vor, schmecke die Masse mit Salz, Pfeffer und etwas Tabasco ab und lege eine Kastenform (30 Zentimeter lang) mit gefettetem Butterbrotpapier aus. Dort gebe ich die Pilzmasse hinein und stelle die Form in die Fettpfanne des Backofens, die ich mit heißem Wasser fülle. Die Form soll zu zwei Dritteln im Wasser stehen. So muss der Flan etwa zwei Stunden im Ofen stocken. Ich lasse ihn noch 30 Minuten im ausgeschalteten Backofen und dann ganz auskühlen, damit er sich gut schneiden lässt.

• Als Beilage schneide ich frische Steinpilze in Stücke, schmore sie in Butter an und würze mit Meersalz und Pfeffer aus der Mühle. Obendrauf kommt geschnittene Petersilie.

• Wenn Sie mögen, dekorieren Sie mit Knoblauchchips. Dafür dicke frische Knoblauchzehen abziehen, in Scheiben schneiden und bei 100 Grad im Backofen bei geöffneter Tür etwa 40 Minuten trocknen. Oder kurz in heißem Öl frittieren und auf Küchenkrepp abtropfen lassen.

FÜR 4 PERSONEN • Foto links

500 g Steinpilze • 1 EL geklärte Butter (»Gut zu wissen«: Seite 100) • 1 Schalotte • 25 g Butter • Meersalz • Pfeffer aus der Mühle • 50 ml Portwein • 50 ml Madeira • 40 g Sahne • ca. 300 ml Milch • 2 EL Grieß • 4 Eier • Tabasco

Sautierte Steinpilze: 300 g Steinpilze • 30 g Butter • Meersalz • Pfeffer aus der Mühle • 3 Stängel glatte Petersilie • evtl. Knoblauchchips

TIPP: Als Vorspeise oder Beilage reicht die Menge für acht Personen. Ich serviere den Flan auch gern als Beilage zu dunklem Fleisch, weil das Pilzaroma mithalten kann, selbst wenn es um kräftiges Wild geht.

HAUPTGERICHTE

»Kalbsleber muss von besonderer Qualität sein, dann wird es ein wunderbares Essen. Bestellen Sie sie lieber beim Fleischer Ihres Vertrauens vor!«

Kalbsleber mit karamellisierten Fenchel- und Apfelscheiben

Falls der Fenchel braune Stellen hat, schneide ich sie ab, so dass die Knolle makellos ist. Ich schneide sie in vier Scheiben und lasse das schöne Grün unbedingt dran. Damit es leuchtend Grün bleibt, wickele ich ein Stückchen Alufolie darum.

- So brate ich die Fenchelscheiben in der Butter von jeder Seite drei Minuten und bestreue sie von beiden Seiten mit etwas Zucker, damit sie leicht karamellisieren.

- Den Apfel wasche ich ab, trockne ihn gut mit Küchenpapier und schneide auch ihn in Scheiben. Vier schöne werden gebraucht, die ich wie den Fenchel kurz in Butter anbrate, mit Zucker bestreue und karamellisiere. Voilà, damit ist die Beilage schon fertig – und ich stelle sie im Backofen bei niedriger Temperatur warm.

- Nun kommt die schöne Soße: Ich ziehe die Schalotten ab und würfele sie, wie immer mit Liebe, sehr fein. Die Würfelchen dünste ich in der Hälfte der Butter an, bestreue sie mit dem Zucker und gieße den Portwein und den Balsamico dazu. Die Flüssigkeit lasse ich etwa fünf Minuten bei großer Hitze kochen, gieße dann alles durch ein Sieb in eine Kasserolle und widme mich nun erst einmal der Leber.

- Die Kalbsleber befreie ich von Röhrchen und Sehnen und tupfe sie trocken. Ich bestäube die Scheiben von beiden Seiten leicht mit etwas Mehl und brate sie in geklärter Butter von jeder Seite etwa vier Minuten bei kleiner Hitze, sie soll innen rosa bleiben. Zum Aromatisieren sind Knoblauch und Thymian mit in der Pfanne.

- Erst zum Schluss salze ich die Kalbsleber und richte sie mit den Fenchel- und Apfelscheiben an. Die dunkle Soße montiere ich kurz vor dem Servieren mit der restlichen Butter, ich rühre also die kalte Butter in kleinen Stückchen unter, so dass die Soße köstlich und sämig wird.

DAZU: Eine perfekte Ergänzung ist mein Kartoffelmus von Seite 125.

FÜR 2 PERSONEN • Foto rechts

2 Scheiben Kalbsleber à 150 g (möglichst Bio) • 2 TL Mehl • 1 EL geklärte Butter (»Gut zu wissen«: Seite 100) oder Butterschmalz • 2 Knoblauchzehen • 2 Thymianzweige • Meersalz (hier am liebsten »Maldon Salzflocken«)

Beilage: *1 Fenchelknolle • 20 g Butter • 2–3 EL Zucker • 1 Apfel (z.B. Cox Orange oder Boskop)*

Soße: *2 Schalotten • 40 g Butter • 1 EL Zucker • 200 ml roter Portwein • 3 EL dunkler Balsamico*

TIPP: Leber darf keinesfalls vor dem Braten gesalzen werden, sonst wird das Fleisch hart und ledrig wie eine Schuhsohle.

Leas Crew: in der Küche

In ihrem Restaurant »Léa Linster Cuisinière« in Frisange/Luxemburg hat sich die Chefin schon vor mehr als 20 Jahren einen Michelin-Stern erkocht und das hohe Niveau gehalten und noch gesteigert. Lea wird von mehreren Köchen und Pâtissiers unterstützt. Sous-Chef Korbinian Wolf ist einer von ihnen. Er gibt auch Kochkurse.

Kabeljau mit Gemüse der Saison und Olivencreme *Seite 108*

Gedämpfte Wirsingröllchen *Seite 108*

HAUPTGERICHTE

»Der Fisch schwimmt in Wein, Olivenöl und Zitrone – der Sud dient als Basis für die raffinierte Creme«

Kabeljau mit Gemüse der Saison und Olivencreme

Das frische Gemüse bereite ich vor: Ich wasche und putze es wie üblich, schäle Möhren und Kohlrabi und schneide dann alle Gemüse in mundgerechte Stücke.

• Perfekt lässt sich das Gemüse im Dampfgarer zubereiten – das ist besonders schonend. Wenn Sie keinen haben, geht es natürlich auch in einem großen Topf mit einem Dämpfeinsatz, oder Sie hängen einfach die Gemüsestücke in einem großen Sieb über das kochende Wasser im Topf. Hauptsache, das Gemüse behält seine schöne Farbe und sein feines Aroma.

• Je nach Sorte dämpfe ich das Gemüse nur zwei bis fünf Minuten. Am längsten brauchen Möhren und Kohlrabi, am schnellsten sind die Zuckerschoten bissfest.

• Inzwischen salze ich den schönen Kabeljau und lege ihn in einen weiten Topf. Ich gebe zwei Esslöffel feinstes Olivenöl dazu und den Riesling – ich nehme natürlich am liebsten einen von der Mosel, weil die vor meinem Haus fließt! Außerdem 50 Milliliter Wasser und eine halbe Zitrone in Scheiben. So lasse ich den feinen Fisch im geschlossenem Topf 15 Minuten dünsten.

• Den Fischsud gieße ich durch ein Sieb und verrühre ihn mit dem restlichen Olivenöl zu einer feinen Creme, die ich mit Zitronensaft, Salz und Pfeffer abschmecke. Voilà!

• Den gedünsteten Kabeljau richte ich auf einer tiefen Platte an, gebe etwas glatte Petersilie als Garnitur dazu und serviere die mundgerechten, leicht gesalzenen Gemüsestückchen dazu. Die Olivencreme nimmt sich jeder nach Geschmack dazu.

FÜR 4 PERSONEN • *Foto Seite 106*

800 g Kabeljau im Stück • Meersalz • 6–8 EL Olivenöl • 150 ml Riesling • 1 Bio-Zitrone • Pfeffer aus der Mühle • etwas glatte Petersilie

Gemüse-Beilage: *800 g Gemüse, z. B. Kohlrabi, Möhren, Staudensellerie, rote und gelbe Paprika, Zuckerschoten, Brokkoli*

»Wichtig ist, dass die Röllchen im Dampf gegart werden, dann behalten sie ihr wunderbares Aroma«

Gedämpfte Wirsingröllchen

✽ Vom Wirsing löse ich acht schöne Blätter ab und blanchiere sie. Die Blätter hebe ich mit einer Schaumkelle heraus, schrecke sie kurz mit eiskaltem Wasser ab und lasse sie auf einem Küchentuch abtropfen. Die dicken Blattrippen schneide ich heraus.

• Den Rest des Wirsingkohls schneide ich in feine Würfel. Die Champignons reinige ich mit der Pilzbürste und schneide sie zuerst in Scheiben, dann in feine Würfel. Die Möhren werden geschält und in einem Dämpfeinsatz etwa zehn Minuten gegart.

• Die Zwiebel ziehe ich ab und schneide sie in feine Würfel. Die Hälfte davon dünste ich in Butter glasig, gebe die Champignonwürfelchen dazu und lasse alles kurz anschwitzen. Ich salze die Pilze, dann ziehen sie Flüssigkeit, die ich für meine Soße in einen kleinen Topf abgieße und erst einmal beiseite stelle.

• Zu den Champignons gebe ich nun die Wirsingwürfel und die gehackte Petersilie. Diese Masse schmecke ich mit Salz und Pfeffer ab. Das ist die Füllung für die Röllchen.

• Inzwischen dünste ich für den Reis die restlichen Zwiebelwürfelchen in einem anderen Topf an, gebe den Reis und einen halben Liter Salzwasser dazu, koche den Reis etwa 12 bis 15 Minuten bissfest und stelle ihn erst einmal beiseite.

• Nun mache ich meine Wirsingröllchen: Zuerst schneide ich mir acht doppelt gelegte Stücke Frischhaltefolie zu. Auf jedes Stück kommt ein blanchiertes Wirsingblatt, darauf die Champignonmasse und drei Stückchen Möhre. Das Blatt rolle ich auf und wickele es fest in die Folie, deren Enden ich ordentlich zudrehe. Die Rollen lege ich in den Dampfgarer oder einen Dämpfeinsatz und gare sie etwa zehn Minuten.

• Inzwischen gieße ich die Sahne zur aufgefangenen Champignonflüssigkeit, lasse alles einmal aufkochen. Unter die Champignonsahne kommt noch etwas kalte Butter – und fertig ist die wunderbare Soße.

• Die Wirsingröllchen wickle ich jetzt aus der Folie und richte pro Portion zwei davon auf Tellern an. Ich gebe etwas Soße auf die Teller und serviere den Reis dazu.

FÜR 4 PERSONEN • *Foto Seite 107*

1 kleiner Wirsing • 4 Riesenchampignons (à etwa 100 g) • 4 Bundmöhren • 1 große Zwiebel (ca. 100 g) • 30 g Butter • Meersalz • 1 kleines Bund glatte Petersilie • weißer Pfeffer aus der Mühle • 200 g Basmati-Reis • 200 g Sahne

TIPP: Die Röllchen sind auch eine tolle Vorspeise. Dann reicht die Menge für acht Personen, und ich serviere sie ohne Reis.

HAUPTGERICHTE

„Ich liebe es, diesen feinen Geschmack mit gebackenem Kürbis abzurunden"

Entenbrustfilets mit Apfelspalten und Granatapfel

Die Entenbrustfilets ritze ich mit einem scharfen Messer oder einer Rasierklinge (bitte vorsichtig arbeiten!) auf der Hautseite mehrfach ein. Inzwischen heize ich den Backofen auf 140 Grad vor.

• Nun koche ich den Ahornsirup in einer Pfanne auf. Ich gebe die Filets mit der Hautseite nach unten hinein und schmore sie bei kleiner Hitze im Ahornsirup an. Aufgepasst: Die Haut darf nicht verbrennen! Dann wende ich die Filets und brate die andere Seite. Dabei beträufele ich das Fleisch immer wieder mit dem heißen Ahornsirup. Das Braten der Entenbrustfilets dauert insgesamt etwa zwölf Minuten.

• Das Fleisch würze ich mit Salz und Pfeffer, lege es auf eine Platte und decke es locker mit Alufolie ab. So lasse ich die Entenbrust etwa zehn Minuten im Ofen gar ziehen, dann ist sie innen noch leicht rosa. Wenn Sie das Fleisch lieber ganz durchgebraten möchten, geben Sie noch ein paar Minuten drauf.

• Inzwischen spüle ich den Apfel heiß ab und schneide ihn in Spalten. Das Kerngehäuse entferne ich nicht. Die Apfelspalten gebe ich in den Bratsirup in die Pfanne und lasse ihn kurz aufkochen.

• Die Granatapfelkerne hole ich mit einem Löffel aus der Schale (Vorsicht, es spritzt!).

• Mit einem scharfen Messer schneide ich die Entenbrust in Scheiben und richte sie mit den Apfelspalten auf vorgewärmten Tellern an. Ich gebe die Soße darüber und bestreue alles mit Granatapfelkernen und den ganzen oder gehackten Mandeln. Bon appétit!

TIPP: Wenn Sie den Bratensaft noch verfeinern und binden möchten, können Sie etwas eiskalte Butter in Stückchen in die Soße rühren – wir Profis nennen das (auf)montieren.

FÜR 4 PERSONEN • Foto unten

2 Entenbrustfilets mit Haut (à etwa 350 g) • 4 EL Ahornsirup • Meersalz • Pfeffer aus der Mühle • 1 säuerlicher Apfel (z. B. Boskop) • ½ Granatapfel • 30 g gebrannte Mandeln oder Honig-Salzmandeln

Gebackener Kürbis

Ich heize den Backofen auf 180 Grad vor.

• Ich hole die Kerne aus dem Stück Muskatkürbis und würze das Fruchtfleisch mit Salz, frisch geriebenem Muskat und Pfeffer aus der Mühle. So backe ich ihn im Ofen weich – das dauert etwa 45 Minuten.

• Mit einem Esslöffel hole ich nun das weiche Kürbisfleisch aus der Schale, fülle es in eine Schüssel und gebe die Butter dazu. Ich zerdrücke den Kürbis nur leicht mit einer Gabel, das Mus soll nicht zu fein werden, und schmecke ab. Voilà!

FÜR 4 PERSONEN

1 kg Muskatkürbis • Meersalz • etwas Muskat • Pfeffer aus der Mühle • 30 g Butter

HAUPTGERICHTE

»Im Elsass isst man Sauerkraut traditionell mit geräuchertem Fleisch. Ich liebe meine Variante!«

Choucroûte – Sauerkraut mit Räucherfisch

Die dicke weiße Zwiebel ziehe ich ab und würfele sie – wie immer mit Liebe – ganz fein (»brunoise«). Ich zerlasse die Butter in einem großen Topf und dünste die Zwiebelwürfel darin an.

• Nun gebe ich das Sauerkraut mit in den Topf. Frisches Kraut, das nicht in der Dose konserviert wurde, kann manchmal sehr sauer sein. Dann wasche ich es vor dem Garen noch mit kaltem Wasser und drücke es fest mit den Händen aus.

• Zum Kraut in den Topf gebe ich die Wacholderbeeren, die Lorbeerblätter und einen nicht zu trockenen Weißwein – natürlich ist wieder einmal eine Riesling-Spätlese perfekt, in diesem Fall kann es auch ein Gewürztraminer aus dem Elsass sein. Ich lege den Deckel auf den Topf und lasse alles etwa eine Stunde bei kleiner Hitze köcheln.

• Danach gieße ich die Flüssigkeit, die sich im Kraut gesammelt hat, in einen kleinen Topf ab. Zum Sauerkrautsaft gebe ich Crème fraîche und lasse das alles einmal aufkochen.

• Das Sauerkraut schmecke ich nun mit Meersalz und vielleicht einer kleinen Prise braunem Zucker ab. Ich drapiere die Räucherfischstücke, die mir mein Fischhändler in bester Qualität herausgesucht hat, darauf und erwärme sie einen Moment auf dem Kraut.

• Inzwischen koche ich für jeden ein paar Salzkartoffeln. Zum Schluss schneide ich schnell etwas Dill fein und gebe ihn in die Crème-fraîche-Soße. Die reiche ich extra zum Kraut – als kleines i-Tüpfelchen!

FÜR 6 PERSONEN • Foto rechts

1 weiße Zwiebel (ca. 100 g) • 40 g Butter • 1 kg Sauerkraut • 5 Wacholderbeeren • 2 Lorbeerblätter • 200 ml Weißwein (nicht zu trocken) • 200 g Crème fraîche • Meersalz • evtl. brauner Zucker • 750 g Räucherfisch (z. B. Stremellachs, Aal, Heilbutt, Makrele, Forelle) • 500 g Kartoffeln • 2 Dillstängel

WAS IST EIGENTLICH: SAUERKRAUT
Weiß- oder Spitzkohl wird vergoren und so haltbar gemacht. Sauerkraut ist reich an Vitamin A, B, C und K und enthält viele Mineralstoffe. Da die Gärung über Milchsäure läuft, wirkt das Kraut probiotisch. Nicht zu verachten: Es ist fettlos und nahezu ohne Kalorien (19 pro 100 g).

Leas Tricks:
Salzen

Ins Nudelwasser kommt sogar in der Sterneküche Tafelsalz. Sonst nimmt Lea aber Meersalz – auch für Fleisch und Gemüse. Wenn das Salz einen ganz besonderen Geschmack geben soll, streut sie gern noch einen Hauch Fleur de Sel, allerfeinstes Meersalz aus der Bretagne, darüber. Und natürlich kommt nur das zu Butter und den knusprigen Brötchen im Restaurant auf den Tisch.

SÜSSES

Leas Marshmallows mit Cassis *Seite 116*

Feigentarte *Seite 116*

Mascarponecreme mit Quittengelee *Seite 117*

Windbeutel mit Vanillecreme *Seite 117*

SÜSSES

»Vergessen Sie alles, was Sie aus gekauften Tüten kennen: Hier sind Marshmallows – selbst gemacht und umwerfend!«

Leas Marshmallows mit Cassis

Haben Sie ein Zuckerthermometer im Haus? Wenn nicht, lohnt sich spätestens jetzt die Anschaffung. Denn den Zucker muss ich zusammen mit 225 Milliliter Wasser zum Kochen bringen und so lange kochen, bis der Sirup eine Temperatur von 130 Grad auf dem Zuckerthermometer hat. Das dauert eine ganze Weile.

• Wenn Sie kein Zuckerthermometer haben, müssen Sie genau aufpassen: Der Sirup ist dann richtig, wenn er ganz leicht Farbe annimmt und richtig sprudelnd und mit vielen Blasen kocht. Er muss auch ungefähr auf zwei Drittel seiner ursprünglichen Menge reduziert sein.

• Die Blattgelatine weiche ich inzwischen in reichlich kaltem Wasser ein und drücke sie aus. Ein Viertel des Fruchtpürees erhitze ich auf etwa 50 Grad (aufgepasst: Es darf nicht kochen!) und löse die Gelatine unter Rühren darin auf. Diese Masse rühre ich anschließend unter das restliche Fruchtpüree. Voilà.

• Das Eiweiß schlage ich mit dem Zucker zu einem steifen Schnee. Mit dem Schneebesen hebe ich nun zuerst den Zuckersirup unter das Cassis-Püree und rühre es schön glatt. Anschließend ziehe ich den Eischnee drunter – bis alles zu einer leichten, homogenen Masse vermengt ist. Diese Masse streiche ich gleichmäßig in eine rechteckige Form (sie soll etwa 30 x 24 Zentimeter groß sein) und decke sie dann sorgfältig mit Frischhaltefolie ab.

• Wenn die Masse ganz fest ist, schneide ich sie in etwa 50 Würfel, die ich als Krönung in den Kokosraspeln wälze.

FÜR ETWA 50 STÜCK • Foto Seite 112

550 g Zucker (für den Zuckersirup) • 20 g weiße Gelatine (12 Blatt) • 220 g Cassis-Fruchtpüree (schwarze Johannisbeere) oder Fruchtaufstrich mit wenig Zucker • 75 g Eiweiß (von 2–3 Eiern) • 20 g Zucker • etwa 50 g Kokosraspel

TIPP: Die Marshmallows serviere ich im Restaurant zum Espresso. Sie halten sich abgedeckt etwa eine Woche im Kühlschrank frisch.

»Frische Feigen haben immer einen Hauch von Orient, den hole ich mir ab und zu gern auf den Tisch"«

Feigentarte

Aus dem Mehl, der Butter, dem Zucker und dem Ei knete ich schnell einen Mürbeteig. Dann lege ich eine Tarteform von 20 Zentimeter Durchmesser mit Backpapier aus und drücke den Teig, den ich etwa auf diese Größe ausgerollt habe, dort hinein.

• Den Backofen heize ich schon mal auf 180 Grad Umluft vor, so backt sich die Tarte am besten.

• Auf den Teig streiche ich zunächst die Orangenmarmelade, darauf streue ich die gemahlenen Mandeln.

• Die frischen Feigen reibe ich mit Küchenkrepp kurz ab und schneide sie in nicht zu dünne Scheiben. Die werden schuppenförmig im Kreis auf den vorbereiteten Teig gelegt. Obendrauf streue ich noch die Pinienkerne und den Zucker.

• Ich backe meine Tarte etwa 35 Minuten. Am besten schmeckt sie lauwarm mit etwas Crème fraîche oder halbfest geschlagener Sahne.

FÜR 6 STÜCKE • Foto Seite 113

Mürbeteig: 150 g Mehl • 75 g Butter • 40 g Zucker • 1 Ei

Belag: 2 EL bittere Orangenmarmelade • 2 EL gemahlene Mandeln • 4 Feigen • 2 EL Pinienkerne • 1–2 EL Zucker (am liebsten brauner) • 200 g Crème fraîche oder Sahne

TIPP: Vielleicht bleibt ein bisschen Teig übrig? Der lässt sich schnell zu einfachen Mürbeteig-Keksen verarbeiten: den Teigrest einfach ausrollen, kleine Taler ausstechen und für zehn Minuten im 200 Grad heißen Ofen backen. Voilà!

SÜSSES

»Die schnelle Creme aus italienischem Frischkäse ist eine Geheimwaffe fürs Dessert«

Mascarponecreme mit Quittengelee

Ich spüle die Zitrone heiß ab und trockne sie mit Küchenpapier. Dann reibe ich die Schale ab und presse den Saft aus. Den Mascarpone, die Sahne, den Zucker, die Zitronenschale und den Zitronensaft gebe ich dann zusammen in eine Rührschüssel. Die Masse schlage ich mit den Quirlen des Handrührers auf und stelle sie kalt.

• Das Quittengelee erwärme ich in einem kleinen Topf und rühre es dabei schön glatt.

• Ich schlitze die Vanilleschote auf, kratze das Mark mit einem Messer heraus und verrühre es mit dem Quittengelee.

• Die Creme fülle ich in dekorative Gläser oder Schälchen und beträufele sie mit dem abgekühlten, aber noch flüssigen Quittengelee.

FÜR 8 PERSONEN • Foto Seite 114

1 Bio-Zitrone • 250 g Mascarpone • 375 g Sahne • 75 g Zucker • 4 EL Quittengelee • ½ Vanilleschote

VARIANTE: MASCARPONECREME MIT FRISCHEN FRÜCHTEN

Die Creme schmeckt auch wunderbar mit frischen Früchten, zum Beispiel mit Mango, Himbeeren oder Heidelbeeren. Ich wasche die Früchte und streue eventuell etwas Zucker darüber – fertig!

VARIANTE: MASCARPONECREME MIT APRIKOSEN-CONFIT

400 Gramm Aprikosen spüle ich ab, entkerne sie und schneide sie klein. Ich lasse 60 Gramm Zucker und 100 Milliliter Apfelsaft zusammen aufkochen, gebe die Aprikosen hinein und lasse sie drei Minuten im Saft kochen. Mit Zucker abschmecken und genießen!

TIPP: Das Aprikosen-Confit schmeckt auch gut zu den Windbeuteln mit Vanillecreme (Foto Seite 115, Rezept rechts).

»Vorsicht, Suchtgefahr! Die zierlichen Windbeutel sind zu und zu lecker...«

Windbeutel mit Vanillecreme

Los geht's mit dem Brandteig: Ich koche die Milch mit der Butter auf, gebe Mehl und Salz hinein und rühre alles mit dem Kochlöffel unter. Ich rühre so lange weiter, bis sich aus der Masse ein Kloß gebildet hat und auf dem Topfboden ein weißer Film entstanden ist.

• Den heißen Mehlkloß gebe ich in eine Metallschüssel und rühre ihn kurz mit den Quirlen des Handrührers oder der Küchenmaschine, damit der Dampf entweichen kann. Ich rühre die Eier nacheinander unter, ein Ei muss immer ganz verrührt sein, bevor ein neues dazukommt! Den Teig fülle ich in einen Spritzbeutel mit runder Lochtülle.

• Jetzt heize ich den Backofen auf 200 Grad vor. Inzwischen benetze ich ein Backblech mit Wasser, lege einen Bogen Backpapier darauf und spritze aus dem Teig etwa 30 Tupfen. Wichtig dabei: Den Spritzbeutel gerade halten und von oben spritzen – so bleiben meine Windbeutel rund. Den Teig bestreue ich mit braunem Zucker und backe alles etwa 20 Minuten im heißen Ofen. Wenn die Windbeutel eine schöne Farbe angenommen haben, hole ich sie aus dem Backofen und lasse sie auf Kuchengittern auskühlen.

• Nun zur Creme für die Füllung: Ich gieße die Milch in einen Topf und koche sie mit 50 Gramm vom Zucker und dem ausgekratzten Vanillemark auf. Ich schlage das Eigelb und den restlichen Zucker, bis die Masse luftig und hellgelb ist. Ich rühre die Speisestärke unter, gebe einen Schluck von der heißen Milch zur Eigelbmasse, verrühre alles. So gieße ich die Masse in die heiße Milch und lasse sie bei kleiner Hitze fünf Minuten köcheln – dabei immer schön rühren!

• Die Creme gebe ich in eine Schüssel, decke sie gut mit Frischhaltefolie ab und lasse sie ganz abkühlen. Inzwischen schlage ich die Sahne steif. Die kalte Creme rühre ich mit den Quirlen des Handrührgeräts gut durch und ziehe die Sahne unter. Ich fülle sie in einen Spritzbeutel mit kleiner Lochtülle, bohre in die Unterseite der Windbeutel ein Loch und fülle die köstliche Vanillecreme hinein.

• Wenn Sie mögen, können Sie die Windbeutel mit Puderzucker bestäuben oder mit Zuckerguss (etwas flüssiges Eiweiß mit Puderzucker verrührt) bestreichen. Auch ein süßer Buttertupfer ist toll: 30 Gramm Butter und einen Esslöffel Puderzucker verrühren. Obendrauf kommt eine Silberperle.

FÜR 30 WINDBEUTEL • Foto Seite 115

Brandteig: *¼ l Milch • 80 g Butter • 150 g Mehl • 1 Prise Salz • 4 Eier (mittelgroß) • etwas brauner Zucker*

Vanillecreme: *½ l Milch • 100 g Zucker • 1 Vanilleschote • 4 Eigelb • 40 g Speisestärke • 125 g Sahne*

Pilzflan mit
sautierten Steinpilzen
Seite 103

Suppe von
grünem Gemüse
und Kräutern
Seite 99

HERBST-MENÜ

*Haben Sie auch so gern Freunde am Tisch? Wenn nur die
Arbeit nicht wär... Dieses Menü macht es Ihnen leicht!*

Natürlich hätte ich Ihnen auch vorschlagen können, die Wirsingröllchen zu machen und das Kürbisrisotto, das Perlhuhn aufzutischen oder die Entenbrust – aber ehrlich, muss es immer so aufwendig (und oft auch teuer) sein? Ich finde es meist gemütlicher, wenn die Gastgeberin nicht immer wieder in der Küche stehen muss, manchmal mit hochrotem Kopf komplett genervt reinschaut und dann gleich wieder verschwindet, um die Pasta, das Risotto oder die Garung des Geflügels zu beaufsichtigen. Und in einer zum Wohnzimmer offenen Küche ist es ja auch nicht viel besser: Da muss man als Gast die ganze Aufregung auch noch mit anschauen! Entspannen wir uns also und machen ein Menü, das sich gut vorbereiten lässt. So haben Sie am Abend Muße, sich wirklich Ihren Gästen zu widmen und sich Zeit für gute Gespräche zu nehmen. Und wenn Sie es sich noch einfacher machen wollen: Jetzt gibt es so viele schöne Früchte auf dem Markt, Trauben, Pflaumen, Äpfel und Birnen, da schmeckt mein Dessert von mundgerecht vorbereitetem Obst ganz wunderbar. Und auch beim Räucherfisch sollten Sie schauen, was die Region zu bieten hat – das ist immer am besten!

Choucroûte –
Sauerkraut mit
Räucherfisch
Seite 110

Windbeutel mit
Vanillecreme und
Aprikosen-Confit
Seite 117

ARBEITSPLAN FÜR DAS HERBST-MENÜ

1 TAG VORHER:

• Das Sauerkraut zubereiten, so dass es am nächsten Tag nur noch aufgewärmt werden muss. Sie wissen ja, schon die Witwe Bolte bei Wilhelm Busch schwärmte, dass aufgewärmtes Sauerkraut noch besser schmeckt als frisch gekochtes.

• Die grüne Suppe zubereiten und ohne Deckel abkühlen lassen. Erst dann abdecken und kalt stellen.

• Die Windbeutel backen, abkühlen lassen, vorsichtig in eine luftdicht schließende Dose geben und dort bis zum nächsten Tag aufbewahren.

• Die Pilzterrine zubereiten, aber noch nicht die Pilze für die Garnitur!

• Das Aprikosen-Confit zubereiten und kalt stellen.

• Die Vanillecreme herstellen. Aber aufgepasst: die Sahne noch nicht unterziehen!

1–2 STUNDEN VORHER:

• Die Kartoffeln für die Beilage zum Choucroûte schälen und mit Wasser bedeckt beiseite stellen.

• Die Sahne unter die Vanillecreme ziehen und die Windbeutel mit der Masse füllen.

• Die Suppe und das Sauerkraut bei kleiner Hitze langsam temperieren.

• Die Pilze für die Flan-Garnitur vorbereiten und eventuell Knoblauchchips frittieren.

30 MINUTEN VORHER:

• Das Sauerkraut einmal aufkochen lassen. Die Hitze reduzieren und den Räucherfisch darauf anrichten. Er soll heiß sein, darf aber nicht mitkochen.

• Die Porree-Brunoise für die Suppe schneiden.

• Das Aprikosen-Confit in ein Schälchen füllen.

• Den Pilzflan in Scheiben schneiden und auf Tellern anrichten.

DIE GÄSTE SIND DA:

• Die Pilze für die Garnitur sautieren und auf die vorbereiteten Teller mit dem Flan dekorieren.

• Kartoffeln abgießen und warm stellen.

• Die Suppe aufschäumen und abschmecken, in Teller oder Suppentassen füllen, dekorieren.

• Windbeutel eventuell mit Puderzucker bestäuben.

• Alle Gänge servieren.

GUT VORBEREITET:

• Teller für Suppe und für Hauptgericht warm stellen.

• Manche Gäste mögen nach dem Sauerkraut einen klaren Schnaps zum Verdauen. Ist der kalt gestellt?

• Zum Windbeutel-Dessert passt ein Espresso. Tassen, Zucker und eventuell Milchschaum vorbereiten.

UND SOWIESO:

• Geschirrspülmaschine leeren.

• Mülleimer leeren.

• Gläser polieren.

• Tisch decken und dekorieren, z. B. an Blumen und Kerzen denken.

• Wein und Sekt temperieren. Zum Choucroûte passt auch sehr gut ein kühles Bier.

• Mineralwasser bereitstellen.

WINTER

»*Eine graue, trübe Jahreszeit? Ich finde: ganz und gar nicht! Sie lockt mit knackiger Kälte und wunderbar bunten Früchten und Gemüse, die uns mit ihren kräftigen Farben aufheitern können. Machen wir uns doch gute Laune mit roter Bete und Cranberries, mit knallgrünen Rosenkohlblättchen und zartgelben Süßkartoffeln. Und freuen wir uns auf schöne Festtage!*«

VORSPEISEN

Raffinierte Pellkartoffeln mit Rauke-Pesto *Seite 124*

Carpaccio mit Kräuterseitlingen und Cocktailsoße *Seite 124*

VORSPEISEN

»Meine Pellkartoffeln in der Luxusausführung – bon appétit!«

Raffinierte Pellkartoffeln mit Rauke-Pesto

✴ Zuerst mache ich mein Rauke-Pesto. Dafür wasche ich die Rauke, tupfe sie trocken und schneide die Stiele ab. Die Hälfte der Blätter gebe ich in den Mixer und zerkleinere sie. Ich lasse ganz zum Schluss gutes Olivenöl hineinfließen und würze mit Meersalz und Chiliflocken.

• Dann koche ich die großen Kartoffeln mit ihrer Schale, das dauert etwa 20 bis 30 Minuten.

• Inzwischen arrangiere ich ein paar Raukeblätter auf jedem der vier Teller – nicht zu viele, sie sollen den Auftritt der Kartoffeln nicht überbieten. Den Parmesan hobele ich auf dem Gurkenhobel in dünne Späne, streue sie über die Rauke und beträufele alles mit dem Pesto.

• Nun schlage ich vier Eigelb einzeln in Tassen. Ganz wichtig: Sie müssen frisch und von bester Qualität sein!

• Sobald die Kartoffeln gar sind, ziehe ich die Schale ab. Ich schneide die Kartoffeln unten gerade, damit sie einen guten Stand haben. Das obere Drittel schneide ich ab und höhle die Kartoffeln mit einem Kugelausstecher oder einem Teelöffel ordentlich aus.

• Die heißen Kartoffeln setze ich schnell auf das Rauke-Bett, lasse jeweils ein Eigelb hineingleiten, so dass es durch die Hitze etwas stockt, und bestreue es mit ein wenig Fleur de Sel.

DAZU: Wenn es nicht vegetarisch sein muss, passt etwas Keta-Kaviar ganz wunderbar darauf, auch ein paar Sardellenfilets, Parma-Schinken oder geräucherte Gänsebrust.

FÜR 4 PERSONEN • Foto Seite 122

1 Bund Rauke (etwa 80–100 g) • 100 ml feinstes Olivenöl • ½ TL Meersalz • Chiliflocken • 4 Kartoffeln à etwa 180 g • 60–100 g Parmesan • 4 Eigelb • Fleur de Sel

TIPP: Ich empfehle Ihnen, die Kartoffelreste unbedingt aufzuheben. Oder gleich ein paar Kartoffeln mehr zu kochen und dann mein feines Kartoffelpüree daraus zu machen (Extra-Tipp rechts).

VARIANTE: Wenn Sie es ganz edel und pur mögen, nutzen Sie die Trüffelsaison! Dann gebe ich statt Parmesan und Rauke gehobelte Trüffel über die Kartoffeln und das Ei. Ein unübertrefflicher Genuss!

»Das Fleisch muss etwa zwei Stunden ins Gefrierfach, so schneidet es sich gut«

Carpaccio mit Kräuterseitlingen und Cocktailsoße

Für die Cocktailsoße verrühre ich zunächst das Eigelb mit dem Senf, gebe nach und nach das Öl in feinem Strahl dazu und mache so eine schöne goldgelbe Mayonnaise. Ich rühre den Tomatenketchup, die Worcestersoße und den Cognac hinein und schmecke alles mit Salz und einem Spritzer Orangensaft ab.

• Das Fleisch schneidet sich am besten, wenn es angefroren ist. Deshalb wickele ich es großzügig fest in Frischhaltefolie und gebe es für ein bis zwei Stunden ins Gefrierfach. Mit einem sehr scharfen Messer schneide ich das Filet dann in möglichst hauchdünne Scheiben und drapiere es auf vier große Teller.

• Ich liebe die schönen Kräuterseitlinge: Sie sehen hübsch aus, schmecken gut, sind gesund und passen super zum Rinderfilet. Ich putze sie und schneide sie einfach in lange Streifen. Voilà.

• Auf das Fleisch kommen nun die Cocktailsoße, bunter Pfeffer aus der Mühle, etwas Meersalz und die Pilzstreifen. Ich gebe gern noch Sardellenfilets dazu, die schneide ich in kleine Stücke. Milder und eleganter sind die kleinen Appetitsild aus der Dose, weil sie nicht ganz so salzig sind wie Sardellenfilets.

• Zum Schluss dekoriere ich mit ein paar Blättchen Minze und ein paar Chilifäden. Jetzt fehlt nur noch etwas warmes Baguette – und der Genuss ist perfekt.

FÜR 4 PERSONEN • Foto Seite 123

Cocktailsoße: *1 großes, sehr frisches Bio-Eigelb • 2 TL Dijon-Senf • 125 ml neutrales Öl (z. B. Sonnenblumenöl) • 2 EL Tomatenketchup • 1 Spritzer Worcestersoße • 1–2 EL Cognac • Meersalz • 1 Spritzer Orangensaft*

Carpaccio: *250–300 g Rinderfilet (Mittelstück) • 100 g Kräuterseitlinge • Pfeffer aus der Mühle, gern bunt • Meersalz • evtl. 4 Sardellenfilets oder Appetitsild • etwas Minze • ein paar Chilifäden*

VARIANTEN: Dies ist der Beweis: Cocktailsoße schmeckt nicht nur – wie gewohnt – zu Hummer und Krabben. Außer zu meinem Carpaccio passt sie auch gut zu Rote-Bete-Scheiben, Gemüsesticks und gebratenen Steaks. Etwas schlanker wird sie, wenn Sie zum Schluss noch etwa 100 Gramm Vollmilch-Joghurt unterrühren.

»Ich liebe es, junge Leute auszubilden, so wie zur Zeit Moritz Huber aus München. Sie müssen in der Küche alle Stationen durchlaufen und alle Arbeiten verrichten. Glauben Sie mir, bevor ein Koch einen Michelin-Stern für seine Kreationen bekommt, hat er Unmengen Zwiebeln geschnitten und Kräuter gehackt, Eier getrennt und Karoffeln geschält. Jeden Tag. Das Handwerk ist die Basis für alles.«

Leas Extratipp: Kartoffelpüree (Foto unten). Sie kocht 750 g Kartoffeln, pellt sie und macht sie in etwa 200 ml Milch heiß. Lea zerdrückt die Kartoffeln, verfeinert mit einem großen Stück Butter (50 g) und gibt Meersalz darüber. Für ihre Sterneküche wird's dann sogar noch durchs Haarsieb gestrichen…

VORSPEISEN

»Was verbindet Ente und Chicorée? Ihre Liebe zur Orange!«

Gebratene Entenleber auf Chicoréesalat mit Orangenvinaigrette

Vom Chicorée löse ich die äußeren Blätter ab, falls die nicht knackig frisch sind. Dann halbiere ich die Stangen längs, so dass ich den inneren Kern herausschneiden kann. Auch wenn er meist nicht mehr bitter schmeckt, ist es so eleganter. Die obere Hälfte vom Chicorée teile ich in Blättchen, den Rest schneide ich in sehr feine Streifen.

• Nun brauche ich Fruchtfilets von einer schönen dicken Orange. Dafür schneide ich die Schale rundherum so großzügig ab, dass die weiße Haut komplett verschwindet und ich die Orangenfilets mit einem kleinen scharfen Messer aus den Hautsegmenten schneiden kann.

• Für die Orangenvinaigrette fange ich den Saft beim Filetieren der Frucht in einer Kasserolle auf. Ich presse die zweite Orange aus und gebe den Saft dazu.

• Den Orangensaft lasse ich nun so lange einkochen, bis nur noch etwa vier Esslöffel im Topf sind. Diesen konzentrierten Saft verrühre ich mit dem Öl, einer Prise Salz, einem Hauch Pfeffer aus der Mühle und etwas Zitronensaft zu einer schönen Vinaigrette.

• Ich putze die Rauke und mische die kleinen Blätter mit den Chicoréestreifen. Auf den Tellern richte ich die Orangenfilets und die Chicoréeblätter kreisförmig an. In die Mitte gebe ich den Raukesalat.

• Nun pfeffere ich schnell die Entenleber und brate sie in der Hälfte der Butter von allen Seiten gut an. Die restliche Butter stelle ich kalt. Fürs Aroma gebe ich einfach die Thymianzweige und die zerdrückte Knoblauchzehe mit in die Pfanne.

• Ich gebe den Balsamico und den Portwein dazu, schwenke die Entenleber darin und nehme das Fleisch aus der Pfanne. Bei 60 Grad halte ich es im Ofen warm. Ganz zum Schluss salze ich die Leber.

• Thymian und Knoblauch fische ich heraus und lasse die Soße etwas einkochen. Ich ziehe die kalten Butterflocken unter und schwenke die Leber nochmals in der feinen Soße, schneide sie dann in Scheiben und richte sie auf dem Salat an. Nun kommt die Orangenvinaigrette, die Soße und etwas Kresse darüber – fertig ist der wunderbare Genuss.

FÜR 3 PERSONEN • Foto rechts

Chicoréesalat: 2 Chicorée • 2 Orangen • 3 EL Olivenöl • Meersalz • Pfeffer aus der Mühle • etwas Zitronensaft • 50 g Rauke

Entenleber: 250 g Entenleber • Pfeffer aus der Mühle • 25 g Butter • 2 Thymianzweige • 1 Knoblauchzehe • 2 EL Balsamico • 60 ml Portwein • Meersalz • etwas Kresse

GUT ZU WISSEN: ZITRUSFRÜCHTE FILETIEREN

Die Spitzen oben und unten abschneiden, die Frucht auf ein Brett setzen. Dann schneidet man die Schale mit der weißen Haut runter. Jetzt liegen die Zitrusspalten offen und werden mit einem kleinen scharfen Messer aus den Trennhäuten gelöst. Den Saft für die Soße auffangen!

Leas Tricks: mise en place

Es gibt Leute, die können in einer chaotischen Küche kochen. Noch mehr Leute (Männer) gibt es, die kochen und hinterlassen dann eine chaotische Küche. Aber im Ernst: Wenn alles gut gelingen und mehrere Sachen zum selben Zeitpunkt fertig sein sollen, müssen die Zutaten (wie auf dem Foto) bereitstehen. So macht es auch mein Koch Tobias Tysklind aus Schweden. Und wir Profis nennen das Ganze »mise en place«.

»Dem Confit ist es egal, ob der Radicchio rund oder länglich ist wie die Sorte Rosso di Treviso, die aus Norditalien stammt«

VORSPEISEN

»Bitte einplanen: Das Radicchio-Confit braucht richtig lange Zeit, bis es gut ist!«

Kartoffel-Galettes mit Radicchio-Confit

✽ Also, zunächst zum Radicchio-Confit: Ich ziehe die Schalotten ab und schneide sie in feine Würfelchen. Mit Liebe, versteht sich. Die dünste ich in der Pfanne in Olivenöl an und streue den Zucker zum Karamellisieren darüber. Erst wenn sich der Zucker schön aufgelöst hat, kommt der Rotwein dazu. So bringe ich alles zum Kochen.

• Inzwischen löse ich vom Radicchio die welken äußeren Blätter und halbiere die Köpfe. Ich brauche hauptsächlich die roten Anteile, und die schneide ich in Streifen. Die Radicchio-Streifen gebe ich zu den Rotwein-Schalotten in die Pfanne und lasse alles bei kleinster Hitze vor sich hin schmoren – ungefähr zwei Stunden lang! Ich schmecke mit Meersalz und eventuell noch etwas Zucker ab. Zugegeben, dieses Confit sieht nicht großartig aus, schmeckt aber hervorragend!

• Für die Galettes schäle ich die Kartoffeln und raffle sie auf der Rohkostreibe. Die Masse drücke ich dann in einem Mulltuch gut aus. Die Kartoffelraspel sollen fast trocken sein. Ich salze sie leicht und erhitze dann reichlich Olivenöl in einer Pfanne. Ich brate aus der Masse vier dicke Kartoffeltaler von acht Zentimeter Durchmesser. Am schönsten ist es, dazu einen Ring zur Hilfe zu nehmen, wie wir Profis es tun, damit eine perfekt runde Form entsteht.

• Die Kartoffel-Galettes lasse ich auf Küchenkrepp abtropfen und serviere sie zusammen mit dem Radicchio-Confit und vielleicht noch ein bisschen Feldsalat, den ich in diesem Fall mit einem kräftigen Senfdressing anmache.

FÜR 4 PERSONEN • Foto links

Radicchio-Confit: 5 Schalotten • 4 EL Olivenöl • 4 EL Zucker • 500 ml kräftiger Rotwein • 900 g Radicchio • Meersalz

Galettes: 1,5 kg Kartoffeln • Meersalz • Olivenöl zum Braten

TIPP: Statt Radicchio, der in runden Köpfen wächst, können Sie auch den länglich geformten »Trevisano« nehmen, der manchmal unter dem Namen Treviso-Salat oder Rosso di Treviso verkauft wird.

»Ein fantastischer Magenöffner. Deshalb passt das Süppchen auch gut in ein Menü«

Rotes Linsensüppchen mit Limettensahne

Unsere normalen Linsen mag ich natürlich auch, aber die sind rustikaler. Rote Linsen kommen mit ihrer Farbe etwas eleganter daher. Vor allem aber sind sie schnell gar und haben eine feine Konsistenz – ein echtes Weihnachtsgeschenk!

• Zuerst ziehe ich eine schöne Zwiebel ab und würfele sie sehr fein. Eine dicke frische Knoblauchzehe wird ebenfalls abgezogen und dann einfach halbiert. Das Weiße von einer Porreestange wasche ich gründlich ab und schneide es in feine Ringe. Den Ingwer schäle ich und würfele ihn ebenfalls fein.

• Ich zerlasse eine gute Nuss Butter und schwitze Zwiebel, Knoblauch und Porree darin an. Dann kommen 200 Gramm von den roten Linsen und der Ingwer dazu, beides wird mit angedünstet und dann mit etwa einem Liter Hühnerfond aufgegossen. Alles würze ich schön mit einem Löffelchen Kurkuma sowie mit Salz und Pfeffer und lasse es ungefähr 25 Minuten leise köcheln.

• Inzwischen koche ich die restlichen Linsen in etwas Fond, aber nur acht Minuten, damit sie Form und Farbe behalten. Für die Dekoration schlage ich außerdem die Sahne halb steif und aromatisiere sie mit Limettensaft.

• Meine fertige Suppe streiche ich durch ein feines Haarsieb und schmecke sie nochmals ab, aber meist ist sie so schon perfekt.

• Ich fülle das Süppchen in vorgewärmte Schalen, gebe die knapp gegarten roten Linsen obendrauf und garniere alles mit einer Haube Limettensahne. Genießen Sie's!

FÜR 6 PERSONEN • Foto links

Linsensüppchen: 1 Zwiebel • 1–2 Knoblauchzehen • 1 Porreestange (nur das Weiße) • 20 g frischer Ingwer • 25 g Butter • 250 g rote Linsen • etwa 1 l Hühnerfond (Rezept Seite 35) • 1 TL Kurkuma • Meersalz • Pfeffer aus der Mühle

Limettensahne: 100 g Sahne • 2 EL Limettensaft

TIPP: ✽ Wenn Sie es lieber vegetarisch mögen, geben Sie Gemüse- (Rezept Seite 29) statt Hühnerfond dazu, das schmeckt genauso gut.

VARIANTE: Ein herrliches Süppchen, das sogar im Sommer Furore macht: Sie können es nämlich auch eiskalt servieren! Dafür müssen Sie vielleicht die Suppe mit etwas mehr Fond zubereiten.

HAUPTGERICHTE

Gebratene Seezungenfilets im Spinatbett *Seite 134*

Shiitake-Ragout mit cremiger Polenta *Seite 134*

Hirschrücken mit Polenta-Balken und karamellisierten Quitten *Seite 135*

Komposition von Süßkartoffeln und Cranberries *Seite 135*

HAUPTGERICHTE

»Schnelle Küche! Der Fisch ist so edel, dass er kein Chichi braucht«

Gebratene Seezungenfilets im Spinatbett

Die Zitrone schäle ich so dick, dass die weiße Haut mit entfernt ist. So kann ich die Fruchtfilets mit einem kleinen scharfen Messer gut aus den Trennhäutchen schneiden. Ich stelle sie auf einem Teller beiseite.

• Dann putze ich den Spinat, wasche ihn kurz in kaltem Wasser und lasse ihn gut abtropfen. Die Schalotten ziehe ich ab und schneide sie in ganz feine Würfel, Sie wissen ja, wir Köche nennen das »brunoise«. Die Würfelchen dünste ich in der heißen Butter glasig und gebe den Spinat dazu. Ich lasse ihn einfach nur zusammenfallen, nehme ihn vom Herd und würze ihn mit Salz und Pfeffer.

• Die Seezunge lassen Sie am besten beim Kauf gleich filetieren. Ich spüle die Filets kurz ab und tupfe sie trocken. In der Pfanne lasse reichlich gesalzene Butter heiß werden. Ich lege die Filets hinein und lasse sie von jeder Seite nur eine Minute braten. Die Pfanne nehme ich vom Feuer und lasse die Filets in der Butter noch etwas nachziehen.

• Auf die heißen Teller oder eine heiße Platte gebe ich zuerst den Spinat. Ich lege die Seezungenfilets darauf, die ich mit einem Hauch Meersalz bestreue und mit den Zitronenfilets belege. Ich gebe noch ein paar Schnittlauchröllchen und ein paar zerdrückte rosa Pfefferbeeren als Dekoration darüber. Voilà – nun fehlt nur noch ein wenig flüssige Butter aus der Pfanne.

• Dazu schmecken am besten gut weich gedünstete Kartoffeln, leicht zerquetscht und mit kalten Butterflöckchen belegt, die sollen auf den heißen Kartoffeln schmelzen.

FÜR 2 PERSONEN • Foto Seite 130

1 Zitrone • 4 Seezungenfilets (von 1 Seezunge à ca. 1,2 kg) • 2–3 EL gesalzene Butter • Meersalz • ½ Bund Schnittlauch • einige rosa Pfefferbeeren • etwas Butter zum Beträufeln

Spinatgemüse: 200 g Babyspinat • 2 Schalotten • 1 EL Butter • Meersalz • Pfeffer aus der Mühle

Beilage: 500 g Kartoffeln • 2 EL gesalzene Butter

»Mein Pilzragout kann es gut und gern mit einem Fleischragout aufnehmen!«

Shiitake-Ragout mit cremiger Polenta

✻ Ich ziehe die Schalotten ab und würfele sie sehr fein. Die Shiitake-Pilze reibe ich nur mit Küchenkrepp oder einer Pilzbürste sauber. Ich schneide die Stiele ab – das reicht meist schon. Sie wissen ja, wenn Pilze mit Wasser in Kontakt kommen, verlieren sie ihr schönes Aroma.

• Die Schalottenwürfelchen dünste ich in der Butter an, bitte bei kleiner Hitze, damit sie nicht braun werden! Dazu kommen die Shiitake-Pilze. Die kleinen Pilze lasse ich ganz, die großen schneide ich einmal in der Mitte durch.

• Alles schwenke ich nun gut im Topf und lasse die Pilze dann bei kleiner Hitze etwa 35 Minuten im geschlossenen Topf weich dünsten. Ich würze mit ein paar Chiliflocken, mit Meersalz und Pfeffer aus der Mühle. Mehr braucht mein Ragout nicht.

• Dazu liebe ich Polenta: Ich koche den Gemüsefond auf, streue den Polenta-Grieß unter Rühren hinein und lasse ihn fünf Minuten auf der ausgeschalteten Herdplatte quellen. Zum Schluss kommt ein guter Schuss feines Olivenöl dazu und natürlich Meersalz.

• Die Polenta und das Pilzragout richte ich zusammen auf heißen Tellern an und bestreue alles reichlich mit fein gehackter Petersilie. Aufgepasst: Hier nehme ich ausnahmsweise mal die krause Sorte!

FÜR 2–3 PERSONEN • Foto Seite 131

4 Schalotten • 400 g Shiitake-Pilze • 2–3 EL Butter • Chiliflocken • Meersalz • (bunter) Pfeffer aus der Mühle

Polenta: 750 ml Gemüsefond (Rezept Seite 29) • 125 g Polenta-Grieß • 2 EL Olivenöl • ½ Bund krause Petersilie

TIPP: Shiitake-Pilze bekommt man mittlerweile immer und fast überall. Die aromatischen Pilze machen mir Spaß und sind eine gute Alternative für alle, die kein Fleisch essen mögen.

HAUPTGERICHTE

»Eine süße Beilage nimmt Wild den manchmal strengen Geschmack«

Hirschrücken mit Polenta-Balken und karamellisierten Quitten

Zuerst koche ich die Polenta. Dafür lasse ich einen halben Liter Wasser aufkochen und streue dann den Polenta-Grieß ein. Bei kleiner Hitze lasse ich ihn etwa zehn Minuten ausquellen und rühre dabei die ganze Zeit um. Voilà. Nun schlage ich die Sahne und hebe sie unter die Polenta-Masse, außerdem noch etwas Kirschwasser, das gibt den raffinierten Geschmack.

• Ich lege eine kleine eckige Form mit einem Stück Butterbrotpapier aus und streue fein geriebenen Parmesan aufs Pergament, ein bis zwei Esslöffel. Darauf streiche ich die Polenta-Masse und lasse sie im Kühlschrank total auskühlen, damit sie sich gut schneiden lässt.

• Nun mache ich mich an die Quitten: Ich schäle sie und schneide dünne Scheiben ab, rund ums Kerngehäuse. Die Scheiben schneide ich zu dekorativen Quadraten, brate sie in einer guten Nuss Butter an und bestreue sie dann mit reichlich Zucker, damit sie karamellisieren.

• Zurück zur Polenta: Die kalte Masse stürze ich auf ein Brett und ziehe das Papier ab. Ich schneide fingerdicke Balken aus der Polenta und überbacke sie im Ofen bei 200 Grad, sie sollen leicht gebräunt sein.

• Dann salze und pfeffere ich sorgfältig das ausgelöste Rückenfilet und brate es in der heißen Butter rundherum schön braun. Ich lege den Rosmarinzweig und den geschälten Knoblauch mit in die Pfanne. Bei mittlerer Hitze brate ich das Filet etwa 20 Minuten weiter. Sie wissen ja: Fleisch brät nur gleichmäßig, wenn Sie es immer wieder mit Fett begießen – ich schöpfe es einfach mit einem Esslöffel darüber.

• Das Filet lasse ich zugedeckt in der Pfanne auf kleinster Hitze etwa zehn Minuten ziehen, dann ist das Fleisch rosa gebraten. Wenn Sie es eher durch möchten, braten Sie es einfach ein paar Minuten länger.

• Ich nehme das Fleisch aus der Pfanne, halte es in Alufolie warm und lösche den Bratensud mit Portwein und Cognac ab. Den aufgefangenen Fleischsaft gebe ich mit hinein. Ich passiere alles durchs Haarsieb, montiere die Soße mit der eiskalten Butter und schmecke mit Salz und Pfeffer ab. Bon appétit!

FÜR 4 PERSONEN • Foto Seite 132

600 g Hirschfilet (Rücken) • Meersalz • Pfeffer aus der Mühle • 30 g Butter • 1 Rosmarinzweig • 5 Knoblauchzehen

Soße: 3–4 EL roter Portwein • 2 EL Cognac • 20 g Butter • Meersalz • Pfeffer aus der Mühle

Polenta: 150 g Polenta-Grieß • 125 g Schlagsahne • 1 EL Kirschwasser • 1–2 EL Parmesan

Karamellisierte Quitten: 2 Quitten (ca. 500 g) • 30 g Butter • 1–2 EL Zucker

»Ein bisschen Arbeit, ein großer Effekt und noch viel mehr Genuss!«

Komposition von Süßkartoffeln und Cranberries

✽ Ich heize den Backofen auf 120 Grad Umluft vor. Die Süßkartoffeln werden geschält. Von einer Kartoffel hobele ich etwa zwölf feine Scheiben ab, die ich von beiden Seiten mit geklärter Butter bestreiche und auf ein mit Backpapier ausgelegtes Blech lege. So kommen die Scheiben für eine knappe Stunde bei Heißluft in den Backofen (Tür einen Spalt öffnen) und werden zu Chips.

• Die anderen Süßkartoffeln schneide ich in kleine Stücke. Ich gebe sie in einen Topf, bedecke sie knapp mit Wasser und füge je eine Prise Salz und Zucker dazu. So koche ich sie in etwa 25 Minuten gar.

• Aus den Cranberries mache ich ein kleines Kompott. Ich gebe Zucker und Rotwein in eine Kasserolle und lasse das kräftig aufkochen. Dann kommen die Cranberries hinein. Wenn die ersten platzen, schmecke ich mit Zimt dezent ab und gebe eventuell noch Zucker dazu. Fertig!

• Den Chicorée befreie ich von den äußeren Blättern, sofern sie nicht makellos sind, und halbiere die Kolben der Länge nach. Ich dünste sie kurz auf der Schnittseite in Butter an, drehe sie einmal kurz, damit sie auch Butter von oben bekommen, und lasse sie im Backofen (die Süßkartoffel-Chips sind schon raus) bei 150 Grad noch etwa zehn Minuten nachziehen. Das Fett aus der Pfanne hebe ich auf und bepinsele die Chicorée-Hälften zum Schluss damit, so glänzen sie schön.

• Die fertig gegarten Süßkartoffeln püriere ich. Ich wasche die Orange heiß ab, ziehe mit dem Zestenreißer dünne Zesten aus der Orangenschale und presse die Orange aus. Unter das Süßkartoffelpüree ziehe ich nun die Orangenzesten und eine Nuss Butter und schmecke das Ganze mit Orangensaft und Meersalz ab. Wenn das Püree zu fest ist, gebe ich noch ein bisschen von dem Kochwasser darunter.

• Auf die heißen Teller drapiere ich das feine Püree, da hinein stecke ich die Süßkartoffel-Chips. Daneben lege ich für jeden zwei Chicorée-Hälften und einen Klacks vom Cranberrykompott. Wer mag, frittiert noch ein Salbeiblatt und krönt die Komposition damit.

FÜR 3 PERSONEN • Foto Seite 133

Süßkartoffelchips und -püree: 3 Süßkartoffeln (ca. 750 g) • 1 EL geklärte Butter (»Gut zu wissen«: Seite 100) • Meersalz • 1 Prise Zucker • 1 Bio-Orange • 50 g Butter

Cranberry-Kompott: 3–4 EL Zucker • 100 ml milder Rotwein • 200 g Cranberries (frisch oder TK) • ca. 1 TL Zimt

Gedünsteter Chicorée: 3 Chicorée-Stangen • 2 EL Butter • evtl. 3 Salbeiblätter • etwas Butter zum Frittieren

HAUPTGERICHTE

»Ein verkanntes Stück vom Rind: Versuchen Sie es einmal als Braten!«

Hochrippe auf Zwiebelgemüse

Ich spüle das feine Fleisch, das zart von Fett durchzogen ist, kurz mit kaltem Wasser ab und tupfe es gut trocken. Das Fett am Rand schneide ich etwas ein, damit sich das Fleisch beim Braten nicht zu sehr zusammenzieht.

• Jetzt putze ich die Zwiebeln und schneide sie in feine Scheiben, so dass ich Halbringe erhalte. Ich erhitze eine gute Nuss Butter im Topf, gebe die Zwiebelscheiben hinein und streue den Zucker und ordentlich Salz darüber, so können sie gut anschmoren und bräunen.

• Aber aufgepasst! Die Zwiebeln brauchen ein wenig Geduld und Aufmerksamkeit: Sie müssen bei großer Hitze gebräunt werden, damit die austretende Flüssigkeit verdampft. Dabei rühre ich sie immer wieder um, denn sie dürfen nicht verbrennen. Sind die Zwiebelringe schön angebräunt, gieße ich den Weißwein an und lasse sie weiterschmoren. Wer keinen Alkohol verwenden möchte: Es schmeckt auch mit gutem Apfelsaft.

• Inzwischen erhitze ich den Ofen auf 180 Grad.

• In einer zweiten Pfanne erhitze ich das Öl und gebe eine Knolle Knoblauch dazu, die ich nicht geputzt, sondern einfach waagerecht in vier Scheiben geschnitten habe. Ich gebe etwas vom frischen Thymian und Majoran dazu und dann das Fleisch hinein. Die Hochrippe brate ich bei großer Hitze schön braun an, dabei schöpfe ich wie gewohnt das Fett immer wieder mit einem Löffel darüber. Ich gebe dann kräftig Salz und Pfeffer aus der Mühle darüber. Voilà.

• Das fertig angebratene Hochrippenfleisch lege ich auf die gebräunten Zwiebeln und obendrauf noch ein halbes Bund frischen Thymian und die Knoblauchscheiben. So kommt das Ganze in den heißen Ofen. Für jeden schäle ich noch drei kleine Kartöffelchen und tourniere sie etwas. Ich gebe sie rundherum ums Fleisch und gare sie mit.

• Inzwischen putze ich die Kräuterseitlinge, halbiere sie und dünste sie zusammen mit einer fein gewürfelten Schalotte in Butter an. Dann gebe ich noch ein paar Blättchen glatte Petersilie fein gehackt darüber.

• Das Fleisch ist nach etwa 40 Minuten gut und herrlich zart. Ich gebe die Seitlinge zu den Kartoffeln und Zwiebeln und zum Schluss noch fein geschnittene Petersilie darüber. Nun muss ich nur noch das Fleisch aufschneiden und es auf den vorgewärmten Tellern mit dem Zwiebelgemüse servieren. Ein Genuss!

FÜR 4 PERSONEN • Foto rechts

1 kg Hochrippe • 2 EL neutrales Öl (z. B. Raps- oder Sonnenblumenöl) • 1 Knolle Knoblauch • 1 Bund Thymian • ½ Bund Majoran • Meersalz • Pfeffer aus der Mühle • 12 kleine Kartoffeln • 250 g Kräuterseitlinge • 1 Schalotte • 1 EL Butter • ½ Bund glatte Petersilie

Zwiebelgemüse: *500 g Zwiebeln • 30 g Butter • 2 TL Zucker • Meersalz • 200 ml Weißwein (oder Apfelsaft)*

Lea Linster: die Chefin

»Chef« ist die traditionelle Anrede in der Profi-Küche. Und hier in ihrem Restaurant im luxemburgischen Frisange, direkt an der Grenze zu Deutschland und Frankreich, ist Lea die absolute Chefin: Kein Gericht verlässt die Küche, das sie nicht probiert hat. Neue Kreationen entstehen in enger Zusammenarbeit mit ihren Köchen und Pâtissiers. Es wird so lange geprobt und verbessert, bis die Chefin zufrieden ist.

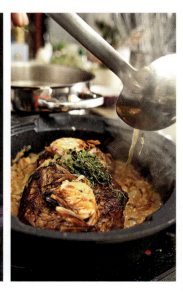

»Ich liebe es, Neues zu probieren. Aber die Basis muss immer stimmen: erstklassige Produkte, erstklassig behandelt«

Feldsalat mit Datteln und Kirschtomaten *Seite 140*

HAUPTGERICHTE

»Reicht als Hauptgang für zwei und als Vorspeise für vier Personen«

Feldsalat mit Datteln und Kirschtomaten

✱ In den Feldsalat-Blättchen steckt meist viel Sand. Deshalb tauche ich den Salat mehrmals in reichlich kaltes Wasser und schwenke ihn dabei vorsichtig hin und her. Die Blättchen sind zart, sie dürfen nicht gedrückt werden. Anschließend schneide ich die kleinen Wurzeln mit einem scharfen Küchenmesser ab. Schön ist es natürlich, wenn die Salatblätter noch zusammenhalten. Nach dem Putzen schleudere ich den Salat gründlich trocken.

• Nun wasche ich die Kirschtomaten und schneide sie in feine Scheiben, das sieht hübsch aus und drückt den Salat nachher nicht zu sehr. Die Datteln entsteine ich und schneide sie in feine Streifen.

• Für die Salatsoße wasche ich die Bio-Zitrone heiß ab und ziehe mit dem Zestenreißer feine Streifen von der Schale. Ich presse die Zitrone aus und verrühre den Saft mit bestem Olivenöl, Meersalz und Pfeffer aus der Mühle zu einer feinen Emulsion.

• Feldsalat, Tomatenscheibchen und Dattelstücke vermische ich nun vorsichtig mit der Zitronenemulsion und streue die Zitronenzesten und etwas Meersalz darüber.

DAZU: Beilage sind geröstete Weißbrotscheiben mit Avocadocreme. Es passen auch ein Omelett oder evtl. Schinken, roh oder gekocht.

FÜR 2 PERSONEN • Foto Seite 139

150 g Feldsalat • 10 Kirschtomaten • 4 Datteln • 1 saftige Bio-Zitrone • 4 EL feinstes Olivenöl • Meersalz oder Salzflocken • Pfeffer aus der Mühle

Avocadocreme

Ich halbiere eine reife Avocado, drücke den Kern heraus. Das Fruchtfleisch hole ich mit einem Esslöffel aus der Schale und zerdrücke es mit einer Gabel. Mit dem Zitronensaft bringe ich es auf eine schöne Konsistenz und schmecke mit Meersalz ab.

• Am besten schmeckt mir die Creme auf Baguettescheiben, die ich vorher angeröstet habe. Obendrauf gebe ich noch ein paar Chiliflocken und ein paar Blättchen Daikon- oder Gartenkresse. Das war es schon!

FÜR 8 SCHEIBEN BAGUETTE • Foto Seite 139

1 Bio-Avocado • ½–1 Zitrone • Meersalz • 8 Scheiben Baguette • ein paar Chiliflocken • etwas Kresse

»Ideal nach einem Winterspaziergang. Und das Topping ist tipptopp«

Linseneintopf mit Rosenkohlschiffchen

Ich nehme für den Eintopf die normalen braunen Tellerlinsen und weiche sie in reichlich kaltem Wasser ein. Ungefähr eine Stunde, dann müssen sie nachher nicht mehr allzu lange kochen.

• Die mittelgroße Möhre und den Knollensellerie putze ich und schneide beides in feinste Würfelchen. Ich ziehe die Zwiebeln ab und würfele die eine möglichst ganz fein. Von der anderen Zwiebel brauche ich nur die Hälfte, in die stecke ich meine Gewürznelke.

• Das fein geschnittene Gemüse dünste ich jetzt im Topf in einer ordentlichen Nuss Butter an. Ich gebe die abgetropften Linsen dazu, dünste sie kurz mit an und gieße dann einen Liter heißes Wasser hinein. Nun kommen noch die halbe Nelken-Zwiebel, das Lorbeerblatt und ein schönes Stück durchwachsener Speck mit zu den Linsen in den Topf. So lasse ich alles eine Dreiviertel- bis eine Stunde bei kleiner Hitze köcheln, dann sind die Linsen gar. Den Eintopf schmecke ich nun kräftig mit Salz und Pfeffer aus der Mühle ab.

• Von den Rosenkohlröschen löse ich die äußeren welken Blätter ab und nehme nur die guten Blätter. Die blanchiere ich, koche sie also in sprudelndem Salzwasser, aber nur eine Minute! Ich schrecke sie sofort in Eiswasser ab, so bleiben sie grün und fest, und lasse sie abtropfen.

• Ich schneide etwas Speck in feine Würfelchen und bereite die Essig-Sahne zu. Dafür schlage ich die Sahne halb steif, rühre den Weißweinessig hinein und schmecke mit einer Prise Salz und Pfeffer ab.

• Die heiße Suppe fülle ich jetzt in Teller und verziere sie spiralförmig mit der Essig-Sahne. Zum Schluss drapiere ich die blanchierten Rosenkohlblättchen darauf und gebe in jedes ein paar von den fein geschnittenen Speckwürfeln. So schmeckt meine Linsensuppe nicht nur fantastisch, sie ist auch schön anzusehen. Bon appétit!

FÜR 4 PERSONEN • Foto rechts

250 g braune Tellerlinsen • 100 g Möhren • 100 g Knollensellerie • 2 Zwiebeln • 1 Gewürznelke • 20–30 g Butter • 1 Lorbeerblatt • 200 g durchwachsener Speck • Meersalz • Pfeffer aus der Mühle

Topping: *4 Rosenkohlröschen • 20 g durchwachsener Speck*

Essig-Sahne: *100 g Sahne • 1 EL Weißweinessig • Salz • Pfeffer aus der Mühle*

»Die Dekoration der Speisen spielt im Restaurant eine ganz große Rolle: Wir benötigen für einen Teller oft mehr als zehn Arbeitsschritte, bis alles stimmt. Aber auch für den Hausgebrauch gilt die alte Weisheit ›Das Auge isst mit‹. Es bringt viel, wenn Gemüse Biss hat und sein knalliges Grün behält, wie bei den Rosenkohlblättchen, die den Eintopf toppen.«

Leas Tipp fürs Gemüse: blanchieren. Das klein geschnittene Gemüse wird zwei bis drei Minuten in sprudelnd kochendem Salzwasser gegart und dann sofort in Eiswasser abgeschreckt: Das stoppt die Garung durch Restwärme, das Gemüse bleibt von schöner Farbe.

Winter-Kabeljau auf roter Paprika *Seite 146*

Jakobsmuscheln an roter Bete *Seite 146*

Schwarzwurzeln in Petersilienrahm Seite 147

Heilbutt auf Kohlrabigemüse *Seite 147*

HAUPTGERICHTE

»Der Skrei hat besonders festes Fleisch, da er von der Barentssee nach Norwegen schwimmt«

Winter-Kabeljau auf roter Paprika

Den Backofen heize ich zunächst auf höchste Stufe, wer hat, schaltet den Grill an. Ich halbiere dann die Paprika, schneide Trennwände und Kerne heraus und lege sie mit der Schnittstelle auf das Backblech. Sie bleiben nur so lange im Ofen, bis die Haut schwarz wird. Heiß kommen sie für ein paar Minuten in einen Gefrierbeutel und kühlen darin lauwarm ab, so lässt sich die Haut später gut abziehen.

• Ich enthäute und entkerne die Tomate. Im Mixer püriere ich dann das Fleisch der Tomate zusammen mit den abgezogenen Paprika fein. Mein schönes Paprikapüree schmecke ich mit Piment d'Espelette und Meersalz ab und halte es warm.

• Nun mache ich den Sud für den Skrei, den Winter-Kabeljau. Dafür dünste ich eine kleine zerdrückte Knoblauchzehe und die kleine fein gewürfelte Zwiebel in einem Esslöffel Olivenöl an. Dazu kommt der Fischfond, der Noilly Prat und ein kleines Thymiansträußchen. Das alles lasse ich etwa acht Minuten köcheln.

• Den Skrei lassen Sie am besten vom Fischhändler küchenfertig in Portionen schneiden. Die Haut ritze ich etwas ein und stecke in jede Portion ein kleines Lorbeerblatt zum Aromatisieren. Die leicht gesalzenen Fischstücke lasse ich in einer Kasserolle mit Deckel etwa zehn Minuten im Sud ziehen. Ich nehme die Fischstücke heraus und halte sie abgedeckt bei 60 Grad im Backofen warm.

• Den Sud gieße ich durch ein Haarsieb wieder zurück in den Topf, etwa 200 Milliliter sollen es sein. Ich montiere den Sud diesmal nicht mit Butter, sondern mit dem Olivenöl zu einer sämigen Soße.

• Auf die heißen Teller kommt das Paprikapüree, darauf der Skrei und und zum Schluss die feine Soße. Südliches Flair mitten im Winter!

DAZU: Ich liebe Basmati-Reis, unter den ich zum Schluss ein ordentliches Stück Butter und eine gute Prise Kurkuma ziehe. Und ein Glas vom meinem »Crossmosel«, gut gekühlt natürlich. Bon appétit!

FÜR 4 PERSONEN • Foto Seite 142

4 Stücke Skrei mit Haut (à 200 g) • 4 kleine Lorbeerblätter • Meersalz

Paprikapüree: *2 rote Paprikaschoten (ca. 400 g) • 1 große Fleischtomate • etwas Piment d'Espelette • Meersalz*

Soße: *1 Knoblauchzehe • 1 kleine Zwiebel • 4 EL Olivenöl • 150 ml Fischfond (Rezept Seite 66) • 4 EL Noilly Prat (»Was ist...«: Seite 36) • 2 Thymianzweige • Meersalz*

»Wenn Sie rote Bete verarbeiten: Machen Sie es lieber mit Küchenhandschuhen!«

Jakobsmuscheln an roter Bete

Ich mag die feinen Jakobsmuscheln mit ihrer nussigen Süße und die bodenständigen roten Bete mit ihrer erdigen Süße sehr gern zusammen, auch wenn die Kombination ungewohnt ist. Und beide haben gleichzeitig Saison – es passt also doppelt!

• Die roten Bete koche ich in Salzwasser, das dauert etwa 45 Minuten, bis sie gar sind. Dann werden sie einfach mit kaltem Wasser abgeschreckt und geschält. Wenn Sie wenig Zeit habe, können Sie auch mal die gegarten vakuumverpackten nehmen.

• Die Hälfte der roten Bete schneide ich in kleine Würfel und gebe sie in einen Topf. Ich würze mit Salz, Pfeffer, etwas Zucker und gieße Portwein und Rote-Bete-Saft hinein. Das alles koche ich etwa zehn Minuten und gebe dann noch etwas Balsamico dazu.

• Ich lasse die Rote-Bete-Würfelchen auf einem Sieb abtropfen und fange den Sud auf. Die restlichen roten Bete püriere ich inzwischen im Mixer. Den Sud koche ich so lange ein, bis er eine sirupartige Konsistenz hat. Dazu gieße ich den Rotweinessig und verrühre alles. Die Hälfte davon kommt zum Rote-Bete-Püree, die andere Hälfte stelle ich erst einmal beiseite.

• Unter das Püree ziehe ich dann noch etwa 50 Gramm Butterwürfel und streiche alles für die feine Beschaffenheit durch ein Haarsieb.

• Nun kommt die Schalottensoße. Dafür koche ich den verbleibenden Sirup auf und füge unter Rühren etwa 70 Gramm eiskalte Butterwürfel, die abgetropften Rote-Bete-Würfelchen und die feinen Würfel von der Schalotte (bitte ein bisschen fürs Topping aufheben) dazu. Mit etwas Salz und Zucker abschmecken.

• Die Jakobsmuscheln, die ich kurz abgespült und sorgfältig trocken getupft habe, brate ich in der restlichen Butter von beiden Seiten etwa zwei Minuten goldbraun und drapiere sie auf vier vorgewärmte Teller. Dazu kommt die feine Schalottensoße und das Püree in Nocken. Zum Schluss bekommen die Jakobsmuscheln von mir ein feines Topping aus Schnittlauchröllchen und feinsten Schalottenwürfeln. Aber bitte nur wenig, damit der edle Geschmack erhalten bleibt!

FÜR 4 PERSONEN • Foto Seite 143

750 g rote Bete (oder 600 g küchenfertige, vakuumverpackt) • Meersalz • Pfeffer aus der Mühle • etwas Zucker • 100 ml Portwein • ½ l Rote-Bete-Saft (Reformhaus) • 2 EL Balsamico • 50 ml Rotweinessig • 180 g Butter • 1 große Schalotte • 12 küchenfertige Jakobsmuscheln • ½ Bund Schnittlauch

HAUPTGERICHTE

»Ich bin so froh, dass das schöne Gemüse wieder geliebt wird!«

Schwarzwurzeln in Petersilienrahm

✻ Die Schwarzwurzeln schäle ich mit einem Sparschäler und lasse sie ganz oder halbiere sie. Je nachdem, wie groß der Topf ist. Dann zerlasse ich eine gute Nuss Butter und dünste die Schwarzwurzeln hell darin an. Ich bestäube sie mit etwas Mehl und gieße den Gemüsefond dazu.

• Von der glatten Petersilie schneide ich die groben Stiele ab, bündele sie mit einem Stückchen Küchenband und gebe sie als Aromaträger zu den Schwarzwurzeln. So lasse ich alles etwa 20 Minuten leise köcheln.

• Inzwischen hacke ich die Petersilienblätter sehr fein.

• Wenn die Schwarzwurzeln gar sind, hebe ich sie vorsichtig mit einer Schaumkelle aus dem Sud und halte sie abgedeckt warm. Die Petersilienstiele fische ich raus, sie haben ihren Dienst getan. In den Sud gebe ich nun die Hälfte der Sahne und die Milch, alles koche ich einmal auf, und dann gebe ich die gehackten Petersilienblätter hinein.

• Die restliche Sahne schlage ich halb steif. Mit dem Stabmixer gehe ich einmal durch die Petersiliensoße, so dass sie eine schöne hellgrüne Farbe bekommt. Ich schmecke mit Meersalz und etwas Zitronensaft ab und ziehe zum Schluss die Sahne darunter. Die Soße kommt zum Teil über die Schwarzwurzeln, den Rest serviere ich separat dazu.

✻ **DAZU:** Für alle, die kein Fleisch mögen, wird's mit Pell- oder Salzkartoffeln zur Hauptmahlzeit, auch die Kartoffel-Galettes von Seite 129 passen dazu. Wer nicht vegetarisch essen möchte, lässt sich eine Scheibe Katenschinken oder Räucherlachs schmecken.

FÜR 3 PERSONEN • Foto Seite 144

1 kg Schwarzwurzeln • 30 g Butter • 2–3 EL Mehl • ½ l Gemüsefond (Rezept Seite 29) • 1 großes Bund glatte Petersilie • 250 g Sahne • 125 ml Milch • Meersalz • etwas Zitronensaft

WIE BLEIBEN SCHWARZWURZELN WEISS

Nach dem Schälen verfärben sich Schwarzwurzeln schneller, als man gucken kann. Deshalb stellt Lea Linster immer eine Schüssel mit kaltem Wasser parat, hinein kommen der Saft einer halben Zitrone und ein Löffel Mehl. Lea gibt die geschälten Wurzeln sofort dort hinein, so bleiben sie hell und machen ihrem Namen »Winterspargel« alle Ehre. Noch ein Tipp zum Schälen: Weil das Gemüse etwas klebrig ist, sind Küchenhandschuhe zu empfehlen!

»Ein wunderbarer Fisch: Er hat weißes, festes und sehr delikates Fleisch«

Heilbutt auf Kohlrabigemüse

Die riesigen Fische, die im eiskalten Wasser des Atlantiks zu Hause sind (z. B. vor Ostkanada, Grönland, Island), sollten gehütet werden, weil in den vergangenen Jahrzehnten häufig zu kleine Fische gefangen wurden. Seien wir uns also bewusst, dass es sich hier um einen sehr feinen Edelfisch handelt, den wir zubereiten wollen.

• Zuerst zum Gemüse: Ich schäle die Kohlrabi, halbiere sie und schneide sie dann einfach in feine Scheiben.

• Dann schneide ich eine schöne Zwiebel in feine Würfel und dünste sie zusammen mit einer geschälten halben Knoblauchzehe und einem Zweiglein Thymian in Butter glasig an. Ich gebe die Kohlrabischeiben dazu und dünste sie mit an. Nun gieße ich den Wein und den Hühnerfond hinein und lasse alles bei kleiner Hitze 20 Minuten kochen.

• Inzwischen bereite ich die Heilbuttfilets zu: Ich spüle sie kurz kalt ab, tupfe sie mit Küchenpapier trocken und gebe Meersalz darüber. Dann erhitze ich die Butter, dabei aufgepasst: Verbrennen darf sie nicht, aber leicht braun soll sie werden – »Nussbutter« also, mit ihrem feinen Karamellgeschmack.

• Ich brate den Fisch darin an, gebe die halbe Knoblauchzehe und den Thymian dazu und brate weiter. Dabei schöpfe ich die Nussbutter immer wieder mit einem Löffel über den Fisch. Zum Schluss schmecke ich mit Salz ab und gebe Pfeffer darüber. Ich richte alles gern im tiefen Teller an: zuerst das Gemüse mit dem Sud, darauf drapiere ich den Fisch und dekoriere mit Schnittlauchhalmen und -röllchen.

FÜR 2 PERSONEN • Foto Seite 145

2 Heilbuttfilets (à ca. 150 g) • Meersalz • 30 g Butter • ½ Knoblauchzehe • 1 Thymianzweig • Pfeffer aus der Mühle

Kohlrabigemüse: *2 Kohlrabi (ca. 300 g) • 1 Zwiebel • ½ Knoblauchzehe • 1 Zweig Thymian • 20–30 g Butter • 100 ml Weißwein • 200 ml Hühnerfond (Rezept Seite 35)*

Dekoration: *etwas Schnittlauch*

VARIANTEN: Der Heilbutt schmeckt auch hervorragend mit Schwarzwurzeln oder – im Frühling – mit weißem Spargel. Nehmen Sie dann jeweils sechs Stangen, die restlichen Gemüsezutaten bleiben gleich.

HAUPTGERICHTE

»Es lohnt sich, Mehlbutter im Vorrat zu haben. Sie macht die Soße cremig!«

Kalbstafelspitz mit weißer Soße

Zuerst mache ich mir ein kleines Bouquet garni aus den Zutaten und binde es mit Küchengarn zusammen.

• Das Fleisch tupfe ich trocken, lege es in einen Topf und bedecke es mit lauwarmem Wasser. So bringe ich es zum Kochen und lasse das Fleisch ein paar Minuten darin kochen. Dieses Wasser gieße ich weg.

• Nun gebe ich kaltes Wasser auf das Fleisch, es soll gut bedeckt sein. Dazu lege ich mein Bouquet garni, außerdem ein Stück Knollensellerie, ein Stück Staudensellerie und eine geputzte Möhre, alles grob gewürfelt. Nun kommen noch eine gute Prise Salz und die Pfefferkörner hinein, voilà. So lasse ich alles aufkochen und dann leise weiterköcheln.

• Nach einer Stunde gieße ich Wein dazu und lasse das Fleisch noch 45 Minuten kochen, bis es weich ist. Ich nehme den Tafelspitz aus der Brühe, wickele ihn in Alufolie und halte ihn bei 60 Grad im Ofen warm.

• Die feine Brühe gieße ich durchs Haarsieb und lasse sie auf die Hälfte einkochen (oder serviere noch kleine Tässchen – siehe Tipp). Für die wunderbare helle Soße brauche ich etwa 300 Milliliter. Ich gebe dafür die Mehlbutter in die kochend heiße Brühe und lasse alles bei kleiner Hitze weiterkochen – fünf Minuten sollen es schon sein, und ich muss dabei die ganze Zeit rühren! Nur so kann das Mehl wirklich gut ausquellen und schmeckt am Ende nicht stumpf.

• Nun verfeinere ich die Soße noch: Ich verrühre die saure Sahne und das Eigelb und gebe es in die Soße. Aufgepasst: Jetzt soll sie nicht mehr kochen, sonst bleibt sie nicht so herrlich cremig. Wer mag, gibt ein paar Kapern mit hinein und den Fleischsaft, der sich in der Folie gesammelt hat. Auf jeden Fall schmecke ich mit etwas Zitronensaft ab.

• Für die Garnitur schneide ich etwas Porree (in diesem Fall nehme ich nur das Dunkelgrüne!) und ein Stückchen Staudensellerie in Miniatur-Würfel und gebe, wenn ich auf die Kapern verzichte, einen Teil in die Soße und den Rest aufs Fleisch, das ich auf vorgewärmten Tellern serviere. Dazu gibt es Pellkartoffeln, die ich in Butter schwenke und mit Petersilie bestreue.

FÜR 4 PERSONEN • *Foto rechts*

1 Bouquet garni (Porree, Knollen- und Staudensellerie, Thymian, Lorbeer, Chilischote) • 1 kg Kalbstafelspitz • 100 g Knollensellerie • 2 Stangen Staudensellerie • 1 große Möhre • Meersalz • 1 TL weiße Pfefferkörner • 125 ml Weißwein (z. B. meinen Riesling »Crossmosel LMEAAX«)

Soße: *300 ml Tafelspitz-Brühe • 2 EL Mehlbutter (Rezept unten) • 200 g saure Sahne • 2 Bio-Eigelb, mittelgroß • evtl. 2 EL abgetropfte kleine Kapern (»Nonpareilles«) • etwas Zitronensaft*

Garnitur: *etwas Porree (dunkelgrün) • etwas Staudensellerie*

Beilage: *750 g Kartoffeln • 20 g Butter • etwas Petersilie*

TIPP: Wenn Sie noch ein Tässchen Brühe vorweg reichen möchten, wird sie nicht so lange eingekocht und mit etwas Gemüse serviert.

Leas Tricks: Mehlbutter fürs Soßebinden

Soßen lassen sich mit eiskalter Butter, die schnell stückchenweise in die heiße Soße gerührt wird, binden (»montieren«). Aber auch mit Mehlbutter gelingt das perfekt: Verkneten Sie kurz Butter und gesiebtes Mehl zu gleichen Teilen. Das Beste: Den kleinen Helfer Mehlbutter können Sie immer im Kühlschrank haben.

SÜSSES

Bananensalat mit Limettensahne *Seite 154*

Eisbombe à la Traumschiff *Seite 154*

Korinthenkekse *rechts*

Knusprige Korinthenkekse

Ein einfaches Rezept: Die Kekse schmecken zum Tee ebenso gut wie zum Kaffee, besonders in der Adventszeit. Und in einer Blechdose halten sie sich eine Woche frisch!

• Butter und Zucker schlage ich schaumig und gebe dann das Mehl, das Ei, den Vanillezucker, die Mandeln und ganz zum Schluss die Korinthen mit hinein. Alles verknete ich schnell, verpacke den Teig gut in Frischhaltefolie und lasse ihn eine Stunde im Kühlschrank ruhen.

• Danach rolle ich daraus zwei Stücke, sie sollen 20 Zentimeter lang, 3 Zentimeter hoch und 3 Zentimeter breit sein. Ich lege ein Backblech mit Backpapier aus und schneide die Teigstücke nun in jeweils 20 bis 25 Scheiben. Die lege ich aufs Blech – mit Glück passen sie alle drauf.

• Den Backofen habe ich auf 180 Grad vorgeheizt. Die Korinthenkekse brauchen nur etwa 18 Minuten, dann sind sie schön hellbraun.

FÜR 40–50 PLÄTZCHEN • Foto links

110 g Butter • 50 g Zucker • 170 g Mehl • 1 Ei • 1 TL Vanillezucker • 50 g gehackte Mandeln oder Mandelblättchen • 50 g Korinthen

»Korinthen sind klein, kernlos und kräftig im Geschmack. Ich liebe sie in Mürbeteigkeksen – besonders im Advent«

Schoko-Dom *Seite 155*

Bratapfelmus *und* Apfel-Confit *Seite 155*

SÜSSES

*»Einfacher geht es nicht.
Und köstlicher auch kaum«*

Bananensalat mit Limettensahne

Dafür brauche ich zunächst etwas Zuckersirup, den können Sie immer im Vorrat haben: 100 Gramm Zucker und 100 Milliliter Wasser werden zusammen aufgekocht, bis sich der Zucker gelöst hat. Das ist das ganze Geheimnis. Den Sirup lasse ich abkühlen.

- Die Bio-Limetten spüle ich heiß ab, trockne sie mit Küchenpapier und ziehe mit dem Zestenreißer schmale Streifen aus der Schale.

- Die eine Limette presse ich aus. Ich nehme fünf Esslöffel vom Zuckersirup und mische ihn mit dem Limettensaft und der Hälfte der Limettenzesten.

- Jetzt schäle ich die Bananen, schneide sie in Scheiben und mische sie sofort mit dem Limettensirup, damit sie nicht braun werden.

- Dazu gibt es Schlagsahne, leicht mit Vanillezucker gesüßt und mit den restlichen Limettenzesten bestreut. Wer es gern sauer mag, gibt auch noch den Saft der zweiten Limette zum Bananensalat.

FÜR 4 PERSONEN • Foto Seite 150

*5 EL Zuckersirup • 2 Bio-Limetten • 8 Mini-Bananen
• 200 g Sahne • 1 EL Vanillezucker*

*»Eine Eisbombe ist immer grandios – auch
wenn Sie fertiges Eis nehmen«*

Eisbombe à la Traumschiff

Um das Eis in die richtige Gestalt zu bringen, nehme ich eine Form mit rundem Boden, zum Beispiel einen Schlagkessel. Es gibt auch richtige Eisbombenformen mit einem Deckel. Die Form müssen Sie erst einmal ausmessen, um zu wissen, wie viele Liter Eis hineinpassen.

- Ich habe hier drei Schichten gewählt, von unterschiedlicher Farbe und mit einem leicht knusprigen Innern: außen Erdbeereis, in der Mitte Vanille und als Kern Macadamia. Natürlich ist auch jede andere Kombination denkbar – lassen Sie Ihrer Fantasie freien Lauf!

- Ich kleide zunächst die kalte Metallform mit dem streichfähigen Erdbeereis aus – schön gleichmäßig soll es werden, das ist die Kunst! Inzwischen schmelze ich die dunkle Schokolade auf dem Wasserbad: Zwischen die einzelnen Schichten trage ich schlierenförmig die flüssige Schokolade auf, die Hälfte also auf das Erdbeereis.

- Nun kommt die Form erst einmal wieder für eine Stunde in den Tiefkühler, damit die Schichten nachher nicht ineinander verlaufen.

- Ist alles schön fest, fülle ich das Vanilleeis hinein. Ich trage den Rest der flüssigen Schokolade auf und stelle die Form so wieder kalt. Nach einer weiteren Stunde Kühlung kommt das Macadamia-Eis hinein und füllt die Lücke auf. Voilà – ab in den Freezer damit!

- Während die Eisbombe kühlt, karamellisiere ich die Macadamianüsse für die Dekoration: Im Topf erhitze ich den Zucker mit etwas Zitronensaft, bis er hellbraun ist. Dort hinein tauche ich die Nüsse und lasse sie auf einem Stück geölter Alufolie fest werden.

- Kurz vor dem Servieren hole ich die fertige Eisbombe aus dem Tiefkühler, löse sie vorsichtig aus der Form und stürze sie auf eine große Kuchenplatte. Gern verziere ich sie mit fertigen Baisertupfen und ein paar karamellisierten Macadamianüssen. Aufgepasst: Die knackigen Dinger drapiere ich rund um die Eisbombe, denn wenn sie direkt mit dem Eis in Berührung kommen, werden sie schnell weich und hinterlassen braune Zuckerspuren. Viel Spaß beim großen Auftritt!

FÜR 10 PERSONEN • Foto Seite 151

*1 l Erdbeereis • 10 g bittere Schokolade • 750 ml Vanilleeis
• 250 ml Macadamia-Eis • 100 g Zucker • 1 TL Zitronensaft
• 10 Macadamia-Nusskerne • 1 EL neutrales Öl (für die
Folie) • etwa 10 Baisertupfen*

SÜSSES

»Ein kleines Wunderwerk der Pâtisserie-Kunst, das etwas Geschick braucht«

Raffinierter Schoko-Dom

Erst einmal backe ich einen Schokobiskuit. Dafür lasse ich die Schokolade mit der Butter auf dem Wasserbad schmelzen.

• Ich trenne die großen Eier. Das Eiweiß schlage ich mit 50 Gramm Zucker zu einem schönen glänzenden Eischnee. Das Eigelb gebe ich zur geschmolzenen Schokolade und verrühre alles gründlich.

• Das Mehl gebe ich durch ein feines Sieb und rühre es unter die Schokomasse, dann die geschmolzene Butter und den Eischnee.

• Ich heize den Backofen auf 170 Grad vor. Die Schokomasse streiche ich etwa einen halben Zentimeter hoch auf eine Silikonmatte oder auf Backpapier, auf jeden Fall muss ich vorher mit Butter einfetten. Der Biskuitteig kommt jetzt in den Ofen, insgesamt 15 Minuten. Zwischendurch drehe ich das Blech einmal – das ist der Trick, damit alles gleichmäßig bräunt. Die Teigplatte stürze ich auf ein Stück Backpapier, das ich mit dem restlichen Zucker bestreut habe, damit es nicht klebt.

• Auf den abgekühlten Schokobiskuit streiche ich eine Nougatmasse. Dafür zerkleinere ich die Waffeln in einem Gefrierbeutel zu groben Krümeln. Ich schmelze die Schokolade und den Nougat auf dem Wasserbad und hebe die gecrashten Waffeln darunter.

• Für die Füllung schmelze ich die Schokolade auf dem Wasserbad und rühre die Sahne darunter. Ich stelle den Schlagkessel sofort auf Eis und rühre immer weiter, bis die Masse abgekühlt ist. So kann ich die Schokosahne mit den Quirlen vom Handrührer steif schlagen.

• Um die tolle Form für dieses Dessert zu bekommen, haben wir eine Silikonmatte (von Flexiplan) mit kleinen Halbkugeln, es geht natürlich auch mit einer anderen Form, zum Beispiel einer Muffinform. Ich fülle also die Schokosahne in die Halbkugeln, immer nur so viel, dass noch der Biskuit, den ich in der Größe der Kreise ausgestochen habe, als Abschluss obendrauf passt. Ist alles schön zugedeckelt, kommt das Ganze für mindestens zwei Stunden in den Tiefkühler und muss zum Servieren nur noch umgestülpt werden.

• Zum Schluss verrühre ich noch den Zuckersirup mit dem Kakaopulver und gieße die Glasur über die kleinen Kunstwerke.

FÜR 10 PERSONEN • Foto Seite 152

Schokobiskuit: *120 g Schokolade (70 % Kakaoanteil) • 50 g Butter • 3 große Eier • 75 g Zucker • 1 EL Mehl*

Nougatmasse: *50 g Gaufrettes (ca. 5 Waffeln aus der Bretagne oder Belgien; ersatzweise Cornflakes) • 50 g Vollmilchschokolade • 50 g Nougat*

Schokosahne: *200 g Schokolade (50–70 % Kakaoanteil, je nach Geschmack) • 200 g Sahne*

Glasur: *5 EL Zuckersirup (Rezept Bananensalat: Seite 154) • 2 TL Kakaopulver*

»Äpfel hole ich mir nur von Josy Gloden, er erntet die besten in ganz Luxemburg!«

Bratapfelmus

Ich verspreche Ihnen: Es ist sehr viel schmackhafter, die Früchte fürs Mus zu braten! Ich schäle die Äpfel, entkerne sie und schneide sie in Stücke. In einer Pfanne zerlasse ich die Butter und den Zucker und brate die Apfelstückchen darin ordentlich braun.

• Ich gieße dann den Apfelsaft dazu und lasse alles einmal aufkochen: Die Äpfel sind jetzt mürbe, so dass ich sie mit dem Stabmixer fein pürieren kann. Noch raffinierter wird das Apfelmus, wenn ich vor dem Pürieren einen Schuss Calvados hineingebe.

• Das Mus aus gebratenen Äpfeln schmeckt solo als Dessert oder als Beilage zu Herzhaftem wie Kartoffelpuffern oder Wildgerichten.

FÜR 4 PERSONEN • Foto Seite 153

500 g Äpfel • 20–30 g Butter • 40 g Zucker • 50 ml Apfelsaft • evtl. etwas Calvados

Apfel-Confit

Dafür nehme ich gern eine alte Apfelsorte wie den roten Eiserapfel. Ich schäle die Äpfel, schneide das Kerngehäuse heraus und die Spalten in Würfelchen. Damit sie beim Dünsten nicht zermatschen, kommt jetzt Wein zum Einsatz, seine Säure hält die Textur des Apfels.

• Ich lasse den Weißwein mit dem Zucker aufkochen und dünste die Apfelwürfelchen darin nur etwa drei Minuten. Ich gieße sie über einem Haarsieb ab und fange den Weinsaft in einer kleinen Kasserolle auf. Darin koche ich die Flüssigkeit auf die Hälfte ein. Ich gebe die Apfelwürfelchen noch einmal hinein, gieße sie erneut ab und reduziere den Weinsaft nochmals bei großer Hitze um die Hälfte. Voilà, fertig ist das Apfel-Confit, auch ein idealer Begleiter zu Geflügelleberterrinen.

FÜR 2 PERSONEN • Foto Seite 153

2 Äpfel (ca. 350 g, z. B. roter Eiserapfel) • 100 ml Weißwein • 60 g Zucker

Feldsalat mit Datteln
und Kirschtomaten
Seite 140

Jakobsmuscheln
an roter Bete
Seite 146

WINTER-MENÜ

Hier darf es ruhig ein bisschen festlich werden – finden Sie nicht auch? Ein Menü für Gäste und für Weihnachten also!

Wie bei vielen Dingen im Leben kommt es speziell auch beim Kochen auf die gute Planung an. Welche Gerichte harmonieren miteinander? Wie stelle ich ein Menü zusammen, so dass meine Gäste es lieben, ohne dass sie sich hinterher vollgenudelt fühlen? Setze ich jetzt die Kartoffeln auf, oder mache ich das erst, wenn alle schon bei der Vorspeise sind? Um Ihnen Stress zu nehmen, vor allem auch an den bevorstehenden Feiertagen, habe ich hier in jedem Kapitel ein Menü vorgeschlagen. Immer so zusammengestellt, dass Sie in einer normalen Küche mit vier Herdplatten und einem Backofen nicht ins Schleudern geraten. Die Arbeitspläne sind realistisch zu bewältigen, auch wenn Sie nicht jeden Tag groß kochen. Besonders ans Herz legen möchte ich Ihnen noch das »Gut vorbereitet«. Nichts ist schlimmer, als mit einem vollen Geschirrspüler oder einem überquellenden Mülleimer dazustehen, wenn die Freunde schon beim Aperitif sind – sicherlich stehen sie mit dem Glas in der Hand auch bei Ihnen in der Küche, oder? Und bedenken Sie bitte, dass es nicht nur ein bisschen Fantasie erfordert, den Esstisch zu decken, das braucht eine ganze Menge Zeit. Feiern Sie schön!

Kalbstafelspitz
mit weißer Soße
Seite 148

Bananensalat mit
Limettensahne
Seite 154

ARBEITSPLAN FÜR DAS WINTER-MENÜ

1 TAG VORHER:
- Den Kalbstafelspitz kochen und in der Brühe erkalten lassen.
- Limettensirup fürs Dessert kochen und kalt stellen.
- Die rote Bete kochen, abziehen und die Hälfte in Würfelchen schneiden.
- Den Rote-Bete-Sud kochen und im Schraubdeckelglas aufbewahren.
- Die Mehlbutter zubereiten und in Folie gewickelt im Kühlschrank aufbewahren.

2 STUNDEN VORHER:
- Feldsalat putzen, Tomaten und Datteln schneiden, Vinaigrette zubereiten.
- Die Kartoffeln schälen und mit Wasser bedeckt beiseitestellen.
- Das Rote-Bete-Püree zubereiten.
- Avocadocreme zubereiten, abgedeckt kühl stellen.

1 STUNDE VORHER:
- Den Tafelspitz aus der Brühe nehmen und in Scheiben schneiden.
- Brühe einkochen lassen. Tafelspitz in der Brühe warm halten.
- Bananenscheiben mit Limettensirup marinieren.
- Die Schalottensoße und das Rote-Bete-Püree zubereiten und warm stellen.

30 MINUTEN VORHER:
- Den Salat anrichten.
- Die Kartoffeln kochen.

- Die Soße für den Tafelspitz zubereiten und im Wasserbad warm halten.
- Das Fleisch auf einer Platte anrichten und abgedeckt warm halten.
- Das Brot für die Crostini schneiden und für den Grill vorbereiten.
- Die Kräuter schneiden.

15 MINUTEN VORHER:
- Brot grillen und mit Avocadocreme bestreichen.
- Den Salat anrichten.
- Pfanne für die Jakobsmuscheln präparieren.
- Die Kartoffeln abgießen und warm halten.
- Die Sahne fürs Dessert schlagen und in den Kühlschrank stellen.

DIE GÄSTE SIND DA:
- Salat und Crostini servieren.
- Jakobsmuscheln braten und mit der Schalottensoße und der Rote-Bete-Komposition anrichten.
- Tafelspitz mit Soße und Kartoffeln anrichten.
- Das Dessert servieren.

GUT VORBEREITET:
- Die Teller warm stellen.
- Den Geschirrspüler leeren.
- Den Mülleimer leeren.
- Den Tisch decken und dekorieren (Blumen, Kerzen).
- Wein und Sekt temperieren.
- Mineralwasser bereitstellen.

REZEPT-REGISTER

A
Agnolotti mit Jakobsmuschel-Füllung 74
Ananas-Gurken-Suppe, kalt 16
Aperitif à l'Orange 43
Apfel-Confit 155
Apfelmus, gebraten 155
Aprikosen-Confit 117
Avocadocreme 140
Avocado-Energiekick (Extratipp) 13
Avocado-Orangen-Salat mit weißem Spargel und Orangenvinaigrette 16

B
Bananensalat mit Limettensahne 154
Bandnudeln (Tagliatelle) mit grünem Spargel 24
Bandnudeln (Tagliatelle) mit Muscheln 99
Bärlauch-Spinat-Timbale 12
Basilikum-Apfel-Gelee mit Waldmeister-Zabaione 43
Bratapfelmus 155
Brotsalat mit Tomatensalsa 88
Burrata auf Spargel 12

C
Calamari-Risotto 72
Carpaccio mit Kräuterseitlingen und Cocktailsoße 124
Choucroûte – Sauerkraut mit Räucherfisch 110
Consommé vom Ochsenschwanz 90
Crostini mit Kürbiscreme 93

D
Dicke Bohnen mit neuen Kartoffeln und Frühlingszwiebeln 23

E
Eintopf mit Edelfischen, sommerlich 66
Eisbombe à la Traumschiff 154
Entenbrustfilets mit Apfelspalten und Granatapfel 109
Entenleber, gebraten, auf Chicoréesalat mit Orangenvinaigrette 126
Entrecôte mit Kartoffelchips, Maronen und Schalottenbutter 98
Erbsen-Spargel-Terrine 14

F
Feigentarte 116
Feldsalat mit Datteln und Kirschtomaten 140
Fischfond 55
Fruchtsalat »Sommertraum« 80

G
Gebackener Kürbis 109
Gebratene Entenleber auf Chicoréesalat mit Orangenvinaigrette 126
Gebratene Seezungenfilets im Spinatbett 134
Gebratenes Perlhuhn auf mediterrane Art 100
Gedämpfte Wirsingröllchen 108
Gemüse-Couscous mit frittierten Zwiebelringen 73
Gemüsefond (Extratipp) 29
Gemüse-Tempura mit Apfel-Meerrettich-Dip 73
Gestreiftes Parfait mit Rhabarberkompott 42
Glattbutt mit Kräuterseitlingen und Brunnenkresseßoße 61
Gourmetsalat à la Lea Linster 50
Grüne Tagliatelle (Bandnudeln) mit Muscheln 99

H
Hähnchenbrust auf Salat der Saison 61
Heilbutt auf Kohlrabigemüse 147
Himbeersorbet mit leichtem Häubchen 80
Hirschrücken mit Polenta-Balken und karamellisierten Quitten 135
Hochrippe auf Zwiebelgemüse 136
Hühnerfond 35
Hühnersuppe 35

J
Jakobsmuscheln an roter Bete 146

K
Kabeljau mit Gemüse der Saison und Olivencreme 108
Kalbsleber mit karamellisierten Fenchel- und Apfelscheiben 104
Kalbstafelspitz mit weißer Soße 148
Kalte Ananas-Gurken-Suppe 16
Kalter Wolfsbarsch mit Triple 60
Kaltes Süppchen aus Melone, Gurke und Paprika 54
Kaninchenrücken à la Lea 35
Kaninchenterrine mit Zitrussalat 92
Kartoffelchips 98
Kartoffel-Galettes mit Radicchio-Confit 129
Kartoffelpüree (Extratipp) 125
Kartoffelrauten mit gebratenen Artischocken 60
Knoblauchchips 103
Knusperhippen mit Himbeeren und Mascarponecreme 81
Komposition von Süßkartoffeln und Cranberries 135
Korinthenkekse, knusprig 152
Kürbis, gebacken 109
Kürbiscreme 93
Kürbisrisotto 103

L
Lammfilet auf Frühlingsart 28
Lammkeule mit zartem Gemüse 66
Leas Marshmallows mit Cassis 116
Linseneintopf mit Rosenkohlschiffchen 140
Linsensüppchen, rot, mit Limettensahne 129

REZEPT-REGISTER

M
Maronensuppe mit Parmesantalern 92
Marshmallows mit Cassis 116
Mascarponecreme mit Quittengelee oder frischen Früchten oder Aprikosen-Confit 117
Matcha-Biskuit mit weißer Schokomousse und Himbeeren 42
Matjes auf zweierlei Art 88
Mayonnaise (Extratipp) 51
Melonensüppchen, kalt 54

N
Nizzasalat (Salade Niçoise) 52

O
Olivenpaste (Extratipp) 89

P
Parfait, gestreift, mit Rhabarberkompott 42
Pellkartoffeln mit Rauke-Pesto 124
Perlhuhn, gebraten, auf mediterrane Art 100
Pilzflan mit sautierten Steinpilzen und Knoblauchchips 103
Putenragout mit Morcheln 36

R
Raffinierte Pellkartoffeln mit Rauke-Pesto 124
Raffinierter Schoko-Dom 155
Rhabarberkompott 42
Rotbarben mit Paprikasoße und Artischocken à la barigoule 34
Rotes Linsensüppchen mit Limettensahne 129

S
Saiblingsfilets auf Porree 23
Salade Niçoise (Nizzasalat) 52
Sauerkraut (Choucroûte) mit Räucherfisch 110
Schalottenbutter 98
Schoko-Dom 155
Schokoladen-Millefeuille 81
Schokosahne 81
Schwarzwurzeln in Petersilienrahm 147
Schweinebraten mit geschmorten Zwiebeln und Radieschensalat 62
Seezungenfilets, gebraten, im Spinatbett 134
Sellerie-Apfel-Smoothie 16
Shiitake-Ragout mit cremiger Polenta 134
Skrei (Winter-Kabeljau) auf roter Paprika 146
Sommerlicher Eintopf mit Edelfischen 66
Sommersalat mit Kaisergranat 54
Spinatflan 34
Steinbutt mit Mangoldgemüse und Bärlauchpesto 22
Stubenküken mit Sommergemüse 72
Süppchen, kalt, aus Melone, Gurke und Paprika 54
Suppe von grünem Gemüse und Kräutern 99
Süßkartoffel-Cranberry-Komposition 135

T
Tagliatelle, grün, mit Muscheln 99
Tagliatelle mit grünem Spargel 24
Tarte mit Feigen 116
Terrine von Erbsen und grünem Spargel 14
Tomatensalat auf Granny Smith 50

V
Vanillecreme 117

W
Waldmeister-Zabaione 43
Weiße Schokomousse 42
Windbeutel mit Erdbeerfüllung 43
Windbeutel mit Vanillecreme 117
Winter-Kabeljau (Skrei) auf roter Paprika 146
Wirsingröllchen, gedämpft 108
Wolfsbarsch im Filoteig mit Curry-Gemüse-Soße 28
Wolfsbarsch, kalt, mit Triple 60

Z
Zanderfilet mit Nordseekrabben und Crémant-Schaum 98

GUT ZU WISSEN
Backofen-Temperaturen 12
Blanchieren (Tipp) 141
Butter klären 100
Knoblauch 102
Piquillos 72
Tomaten enthäuten 88
Risotto-Reis garen 103
Vanillezucker selbst gemacht 80
Zitronen-Chips 92
Zitrusfrüchte filetieren 126

LEAS TRICKS
Erbsenterrine 14
Gefüllter Fisch 22
Gewürze 73
Huhn & Co 100
Klare Brühe 90
Mehlbutter 148
Morcheln 36
Salzen 110
Schwarzwurzeln 147
Spargel 24

WAS IST EIGENTLICH…
Kaisergranat 54
Noilly Prat 36
Piment d'Espelette 66
Portulak 99
Sauce barigoule 34
Sauerkraut 110

IMPRESSUM

KONZEPTION: Lea Linster und Burgunde Uhlig
REZEPTE UND PRODUKTION: Burgunde Uhlig
TEXTE UND REDAKTION: Susanne Mersmann
ART-DIRECTION, LAYOUT + ILLUSTRATIONEN: Almut Moritz
STYLING: Uschi Hussmann-Dilger
ALLE FOTOS + UMSCHLAGFOTO: Maryam Schindler
FOTOS AUF FOLGENDEN SEITEN: Thomas Neckermann
7 (links, Mitte rechts), 13 (Mitte links), 17 (oben rechts, unten links), 24 (links), 25, 26, 27, 30, 33, 36 (links), 55, 58, 63, 67 (unten), 73, 78, 89 (Mitte rechts), 90 (links und rechts), 91, 93, 97, 100 (links und rechts), 101, 102 (oben links, unten rechts), 109, 112, 114, 115, 125 (unten links und unten Mitte), 126 (links), 127, 128 (oben rechts), 132, 136 (rechts), 137, 141 (oben Mitte), 143, 145, 147, 152 (unten rechts). Foto Seite 125 (oben links): Jacques Schneider

SCHLUSSREDAKTION: Uta Kleimann
HERSTELLUNG: Tanja Kuge
LITHO: MWW Medien, GmbH, Hamburg
UMSCHLAGGESTALTUNG: Almut Moritz
DRUCK UND BINDUNG: Mohn Media Mohndruck GmbH, Gütersloh

Das Buch-Team aus Hamburg:
Uschi Hussmann-Dilger, Burgunde
Uhlig, Maryam Schindler, Almut Moritz
und Susanne Mersmann (von links)

Verlagsgruppe Random House FSC® N001967

Das für dieses Buch verwendete
FSC®-zertifizierte Papier
Hello Fat Matt 1,1 liefert Condat,
Le Lardin Saint-Lazare, Frankreich
BRIGITTE-Buch im Diana Verlag
Copyright ©2013 by Diana Verlag, München,
in der Verlagsgruppe Random House GmbH
www.diana.de
Printed in Germany 2013
978-3-453-28533-0

RESTAURANT LÉA LINSTER CUISINIÈRE
17, route de Luxembourg
L-5752 Frisange/Luxemburg
Tel. 003 52/23 66 84 11, Fax 23 67 64 47
Öffnungszeiten: Mittwoch bis Sonntag abends ab 19 Uhr,
Samstag und Sonntag auch mittags ab 12 Uhr.
Das Restaurant ist mit einem Michelin-Stern ausgezeichnet.
Bitte reservieren Sie einen Tisch

PAVILLON MADELEINE BY LÉA LINSTER
30, rue du moulin, L-3660 Kayl/Luxemburg
Tel. 003 52/26 56 64, Fax 26 56 64 64
Öffnungszeiten: Mittwoch bis Sonntag von
12 bis 14 Uhr und von 19 bis 21.30 Uhr

LÉA LINSTER DELICATESSEN
4, route de l'eau
L-1449 Luxembourg (Stadt)
Tel. 003 52/27 85 85 00, Fax 278 58 51
Dienstag bis Samstag 10 bis 18 Uhr

www.lealinster.lu